一本书让你爱上演讲
一本书让你学会演讲

舌动世界

——演讲的魅力与魔力

孙树宏　著

当代中国出版社
Contemporary China Publishing House
2021 年 · 北京

图书在版编目(CIP)数据

舌动世界:演讲的魅力与魔力 / 孙树宏著 . -- 北京:当代中国出版社,2021.10
ISBN 978-7-5154-1136-1

Ⅰ . ①舌…　Ⅱ . ①孙…　Ⅲ . ①演讲—语言艺术　Ⅳ . ① H019

中国版本图书馆 CIP 数据核字(2021)第 170844 号

出 版 人　冀祥德
责任编辑　陈　莎
责任校对　康　莹
印刷监制　刘艳平
封面制作　创世禧图文
出版发行　当代中国出版社
地　　址　北京市地安门西大街旌勇里 8 号
网　　址　http://www.ddzg.net　邮箱:ddzgcbs@sina.com
邮政编码　100009
编 辑 部　(010)66572264　66572154　66572132　66572180
市 场 部　(010)66572281　66572161　66572157　83221785
印　　刷　北京润田金辉印刷有限公司
开　　本　720 毫米 × 1020 毫米　1/16
印　　张　15.5 印张　175 千字
版　　次　2021 年 10 月第 1 版
印　　次　2021 年 10 月第 1 次印刷
定　　价　52.00 元

育科技有限公司
树宏心源教育
《演说“心

赢销之王

中国民营企业发展与合作论坛

中国新闻出版研究院预祝康华传媒营销峰会取得圆满成功
中国教育学会预祝康华传媒营销峰会取得圆满成功
教育部中国教师发展基金会预祝康华传媒营销峰会取得圆满成功

初心的力量
——当代大学生的责任与使命
主讲：孙树宏

学年康华传媒营销峰会——晋冀分会
质决定品牌
品牌决胜未来
中国书籍出版社预祝康华传媒营销峰
《出版发行研究》杂志社预祝康华传媒营销
人民日报《民生周刊》特刊预祝康华传媒营销

让生命影响生命
——如何成为新时代智慧型父母

为何要学会演讲？

大同一中北校2019家长学校之孙树宏老师专题讲座
崇中华文明之德　树全面发展之人
博强国富民之学　求明辨事理之真

PREFACE 自序

这，绝不仅仅是技巧……

有人说，当今社会，人们越来越重视演讲或表达。其实，从古到今，从来也没轻视过啊！“一人之辩，重于九鼎之宝；三寸之舌，强于百万之师。”“良言一句三冬暖，恶语伤人六月寒。”“听君一席话，胜读十年书。”这些耳熟能详的关于“嘴”上功夫的名言警句，可不是今人的发明创造！

诸葛亮深入东吴舌战群儒的故事，可谓妇孺皆知，人人称道！可以说，从小到大，在每个人心中，都有意无意地住着一个梦想，那就是能拥有一流的口才，成为表达的高手，创造出类似“合纵连横”的奇迹；甚至希望有一天，自己也能站到宽阔而神圣的舞台上，成为千万人瞩目的演讲家。

由于今人有更多的机会见证演讲口才的力量，于是就有了一些可能流传后世的精辟之语：“台上一站，成功一半。”“是人才未必有口才，但有口才一定是人才。”“辛辛苦苦几十年，不如台上发个言。”“辛辛苦苦一辈子，不如台上一阵子。”这些话虽显直白，但直指核心！所以，现在关于演讲口才的书籍、课程可谓铺天盖地，俯拾皆是。关于为何学演讲、怎样学演讲的问题，这些书籍或课程都阐述得很清楚了，在此不再赘述。

如果把演讲与口才仅仅当作一种技巧的话，这些书籍或课程已完全可以解决问题了。但客观存在的现实，让我们看到了另一番景象：有人寒来暑往地四处拜师，几年、十几年如一日地专注苦练，嘴皮不可谓不“溜”，技巧不可谓不“精”，舞台上也完全可以做到滔滔不绝、手舞足蹈……但最终还是没有赢得大家的认可而泯然众人矣！为什么呢？因为没有“料”、没有内涵、没有回味的余地。

口才不是耍嘴皮子，手舞足蹈也并非就是“演讲家”！一流的口才，精彩的演讲，绝不仅仅是一种技巧，更重要的是情感的交流、思想的传递、智慧的提升及灵魂的净化，它有高度、有深度、有宽度、有力度，更有温度！这是背诵几篇台词、熟悉几套动作、喊上几句口号就能达到的境界吗？

如果把演讲口才比喻成一棵树的话，更多人只会关注地面以上的部分，于是，“修枝”“打杈”等技巧层面的事就成了主要的工作。殊不知，一棵树能否茁壮成长，能否枝繁叶茂，恰恰取决于地面以下根的部分，而演讲这棵大树看不见的“根”是什么？有多少人思考过？有多少人关注过？

这个“根”就是你丰富的生活阅历、渊博的知识积累、睿智的思想火花、高尚的灵魂境界，没有这些无形的部分做支撑，纵然心比天高，最后也是“命比纸薄”。这是很多把演讲只当作一门技巧而勤学苦练的人，最终难成“正果”的主要原因。

所以，在这本书里，除了对演讲口才的“技巧”进行必要的阐述之外，更多的是对如何让地面以下的“根”扎得更深、蔓延得更广、汲取的营养更丰富等方面，做了更深入的解析和挖掘。同时，为了实现实战、实用、实操、实效的学习目标，力求以丰富的演讲口才案例为基础，其中的主角既有能言善辩的政治家、不善表达的“书呆子”、逢人脸红的“阁中淑女”，也有各行各业不同层次的人士，希望能为各种行业和身份的演讲爱好者、从业者提供良好的借鉴或参考。

天下大势，浩浩荡荡。一流的表达、演讲能力，不仅是时代对人才的迫切需要，更是一个人内涵素养、品德灵魂的综合体现。希望这本书能让大家对演讲口才的价值有更深刻的认识，并且能立即行动起来，在不断地练习成长中，妙语连珠，塑造一个更好的自己，绽放生命的精彩！

FOREWORD 前言

当今是互联网新媒体时代，许多年轻人借助新媒体平台和互联网技术，运用演讲能力进一步展示自己的风采。演讲虽然是一门古老的技艺，却一直没有过时。

演讲是每个人都需要掌握的一门综合性技能。演讲不仅能反映出一个人良好的口才和逻辑表达能力，还能体现出一个人的快速反应能力和渊博的知识。更为重要的是，演讲可以让一个人变得更加自信。演讲还具有一种力量，就像诗人海涅所讲："言语之力，大到可以从坟墓唤醒死人，可以把生者活埋，把侏儒变成巨无霸，把巨无霸彻底打垮。"因此，演讲一直风靡世界。

许多人学习演讲，并不是为了从演讲中获得直接的利益，而是希望通过演讲锻炼自己的综合能力。演讲到底能提升一个人的哪些具体能力呢？

口才：演讲是口才的体现，那些能够舌战群儒的人，必定拥有良好的口才。人是一种社交动物，社交需要语言表达，工作需要表达，生活中也需要表达。如果一个人拥有了良好的口才，也就掌握了一种工作、生活的技能。

思维：演讲是一项逻辑思维的活动，一个没有逻辑思维的人，是无法做好演讲工作的。有人说："没有逻辑的演讲，等同于胡言乱语。"学会了演讲，掌握了逻辑表达能力，你就能从中获益。

知识：众所周知，许多演说家拥有渊博的知识，他们的演讲中总会包含着各种各样的知识点。如果一个人想要学好演讲，就必须丰富自己的知识装备库，让自己变成一个知识渊博的人。俗话说："知识改变人生！"在学习演讲的同时，提升自己的学习力和丰富自己的知识库，对工作、生活都大有帮助。

仪表仪态：演讲是一门具有仪式感的学问，演讲者在舞台中央的形象是一种具有仪式感的形象，干净、整洁、得体、大方。与此同时，演讲者还要拥有协调的肢体动作。仪表仪态和肢体语言相结合，才能充分展现演讲者的舞台形象。仪表仪态是一个人生活中的重要部分，许多职场人需要具备这种具有仪式感的"职业形象"。

本书作者非常感谢出版社同人的鼎力帮助与支持，让这本书能够与读者朋友们见面，也感谢越来越多的人参与"演讲"事业中，学会演讲，拥有好口才，也让我们拥有更多的人生选择权，选择更灿烂的人生。

CONTENTS 目录

第三章

演讲前的准备

第四章

演讲六大要事

第五章

演讲的心态

第九章

演讲的六大智慧

第十章

演讲者的语言风格

第十一章

演讲台风的呈现

第十二章
演讲者必经的八大训练

第一章 为何要学习演讲

提升公众影响力

当今时代，可以说是一个流量为王的时代，如果一个人能把自己打造成流量 IP，则可以提升自己的商业价值。微信公众号写手拼命吸粉，目的是提升自己的影响力。那些有影响力的公众号写手，不仅赚到了人气，而且赚到了流量和金钱。

写作可以提升自己的公众影响力，营销也可以提升自己的公众影响力。除此之外，还有一种可以提升公众影响力的方式——演讲。

有一个年轻人叫史密斯，名校毕业的他，希望成为一名优秀的企业家。众所周知，想要成为企业家并不是一件容易的事情，需要具备领导力、团结力、协作力、影响力等素质。

领导力：领导他人的能力。企业家如同一名船长，需要具备驾船航行的本领。

团结力：企业要想有所发展，离不开“团结”二字。团结是一个企业发展的基石。对于一名企业家而言，必须拥有团结众人的能力。一个刚愎自用、无法团结员工的老板办不成企业。

协作力：领导既要有领导力，还要有协作力。协作，等同于把自己放进一个精密的机器里，让自己在其中充当一个重要的零件。企业需要各个角色之间的相互配合与协作，一名优秀的企业家需要他人的配合，也需要与他人协作。

影响力：在所有的能力中，影响力是最重要的一种能力。如果没有影响力，你所发出的命令都是“无效”的。著名心理学家西奥迪尼认为：“现代社会中，无论事业上还是生活上的成功，都取决于我们影响他人的能力。”

史密斯为了提升自己的影响力，积极参加公司组织的辩论和演讲比赛。他非常喜欢演讲，喜欢当着许多人的面，表达自己的观点，传递自己的能量。有一次，他参加了一场演讲比赛，并最终获得了第一名。他的观点新颖、管理理念具有一定的前瞻性，在公司内产生了很大的影响，成了一位“明星”。他凭借自己的演讲本领，赢得了更多的选票，如愿当上了公司的副总裁。

之后，他的演讲越来越有名，他也因此经常被邀请去电视台录节目。通过电视，更多的人认识了史密斯，他成了一名公众人物。凭借自己的能力，史密斯解决了一些关键性难题，甚至凭借自己的影响力成功拿下了那些难以获取的订单。

提升影响力的方法有很多，演讲是一种最直接的方式。一个人可以通过演讲向其他人展示自己的想法和观点，征服对方。美国曾发生多次种族歧视事件。事件发生之后，黑人领袖们会组织各种各样的活动向政府施加压力，让政府作出有利于黑人的决策，或者颁布更加公平、合理的法令。

在众多黑人领袖中，马丁·路德·金是影响力最大的，而且他还是一位著名的演说家。他的演讲富有力量和智慧，具有鼓舞性，能够产生强大的影响力。他的演讲《我有一个梦想》举世闻名，震惊世界："我并非没有注意到，参加今天集会的人中，有些受尽苦难和折磨；有些刚刚走出窄小的牢房；有些由于寻求自由，曾在居住地惨遭疯狂迫害的打击，并在警察暴行的旋风中摇摇欲坠。你们是人为痛苦的长期受难者。坚持下去吧，要坚决相信，忍受不应得的痛苦是一种赎罪……"

马丁·路德·金借助《我有一个梦想》实现了自己的梦想，获得了巨大的影响力，成为一名黑人领袖和自由民主战士。黑人运动时有发生，但马丁·路德·金组织的黑人运动声势最大、影响力最大。1964 年，马丁·路德·金获得了诺贝尔和平奖。

其实，演讲并不只是站在舞台上说说而已，演讲体现的是一个人的综合素质。演讲者需要拥有渊博的知识，需要拥有缜密的逻辑，需要流利的口才，需要勇气和胆量，还需要良好的表达能力、沟通能力、渲染能力等。因此，演讲是一种本领，它在提升一个人的公众影响力的同时，还可以帮助一个人快速成长。

提高个人知名度

当今社会，为什么有那么多人想要提高知名度？提高知名度都有哪些好处呢？许多人玩抖音、刷火山小视频，或者在 B 站（哔哩哔哩）做视频，他们中大部分人的目的只有一个，那就是提高知名度，形成个人 IP。

有个年轻人，他非常渴望提高知名度。一次偶然的机会，他看到有一位农民通过拍摄视频走红网络，并接到了商业代言，从月收入几百元，摇身一变成为月收入万元的流量明星。于是，他有了尝试的欲望。

这位年轻人口才非常好，于是他打算拍摄演讲类视频并以此“提高流量”。他的第一个演讲话题与中美关系有关，通过对比中美不同的意识形态找出中美之间的问题。第一次演讲还算成功，吸引了 100 名粉丝关注。然而，成功不是一蹴而就的，需要长时间的打磨和积累。随着时间的推移，他的自信心和演讲水平都有了提高。有一次，他的演讲获得了官方推送，得到了 10 万 + 的阅读量，成功吸引了数千名粉丝的关注。这时的他，仿佛一下子有了影响力。此后，陆陆续续有其他的平台主播邀请他演讲，或者表演脱口秀。3 年后，他通过演讲月入数万元，还为某品牌进行广告代言。

提高知名度没有坏处，只要“名”不是“恶名”，就能带来好运气。提升知名度的渠道有很多，有人唱歌，有人写作，还有人凭借其他特殊的技能。演讲也是提升知名度的途径之一，上面那则故事，就是一个通过演讲一举成名的故事。知名度能给人们带来哪些好处呢？

一、让更多人认识自己

人是群体动物，认识更多的人，或者被更多人认识，都是有意义的。明星的曝光率很高，高曝光率给他们带来人气。有位明星说：“被更多人认识，也就让你拥有更高人气。人气是一种神秘莫测的东西，如果没有人气，可能连运气都没有。”认识更多人，拥有更多粉丝，被更多人接纳，会逐渐形成一种光环现象，这种现象会让自己在某个领域内产生巨大的影响力。

二、提升自信心

在现实中，许多人都缺乏自信。甚至有一些自卑的人，口头表达能力也受到了影响。但是也有许多人，为了摆脱自卑，努力提升自己的语言表达能力，于是选择了演讲。许多自卑的人通过演讲提升了自信，提升了语言表达能力，并且为自己的人生赢得更多机会，提升了自己的形象。

三、让生活变得更舒适

如今，人们的生活压力很大。有实践证明，表演是一种非常好的排压、解压方式。有一些年轻人选择话剧，有些年轻人选择拍摄微电影，还有一些年轻人选择演讲。用演讲的方式解压，让自己的生活更惬意，让自己的心情更美丽。

除此之外，还有其他的好处。演说家的知名度和影响力呈正比关系，有知名度的演说家还能获得更多渠道，甚至凭一己之力帮助人们解决困难，如扶贫直播营销，帮助处于贫困状态的人摆脱贫困。

改变一生的命运

常言道：“知识改变命运！”一个人掌握了知识，也就打开了一扇命运的大门。还有人说：“考上大学，拥有傲人的学历！”虽然学历不能与能力画等号，但学历是敲门砖，拿着毕业证书就能找到一份相对而言具有优势的工作。有个人去应聘，他心想：自己只有初中文凭，但有一技之长，找工作应该不难。现实是，他找了很久，都没有找到一份合适的工作。问其原因，他说：“几乎所有的企业都要求大专甚至本科以上学历，达不到这样的要求，根本没有资格参加面试。”也有人问：“如果没有学历，就失去一切机会了吗？”许多低学历者，如果掌握了一项过硬的技能和本领，也可以改变自己的人生。还有人会问：“演讲可以改变命运吗？”当然可以。许多人通过学习演讲锻炼了口才，而口才是很多工作的基础；甚至还有人通过演讲比赛提升了知名度，获得了更多人生机会。

有一个女生叫程丽丽，她是一名保险公司的销售员。众所周知，保险工作不好做。对于程丽丽而言，没有社会关系，保险营销工作很难开展。有一次，保险公司组织经验分享会，并且以“个人演讲”的形式呈现。许多销售员因紧张而发挥不佳。程丽丽有个外号叫“程一嘴”，她表达能力出众，给人留下了深刻的印象。

程丽丽是一个非常认真的人，在上台之前就做了充分的准备。在计时六分钟的演讲中，她的演讲逻辑缜密、活泼有趣，最后赢得满堂彩。演讲结束后，保险公司副总裁亲自找她，打算让她做讲师："小程啊，你愿不愿意尝试讲师这个工作？我们保险公司需要讲师。你口才好，思路清晰，如果你想尝试，就告诉我一声！"程丽丽当即答应了："好的，我愿意尝试！"

程丽丽多了一份工作——讲师。每周，保险公司组织客户来公司，她都会向客户讲授保险方面的知识。久而久之，许多客户主动找她谈保单，她的客户越来越多，她的知名度也越来越高。

程丽丽没有太多社会关系，但是通过演讲改变了自己的命运。如今，程丽丽是这家保险公司分公司的总经理，不仅有自己的团队，还经常去外地讲课。她说："好口才是上帝送给我的礼物！"程丽丽的成功恰恰说明了这一点：演讲可以改变人生！

演讲可以锻炼口才、磨炼意志，给人带来更多机会。

一、演讲可以锻炼口才

口才是一种技艺。人人都离不开说话，待人接物需要说话，洽谈沟通需要说话。我有一位朋友，曾是一名销售员。作为一名销售员，几乎天天要见客户。与客户打交道，要求销售员拥有一定的沟通能力。沟通能力如何体现？好口才是第一位。为了锻炼自己的口才，他报名参加演讲班，反复练习，还经常参加演讲比赛。因此，他的口才得到了锻炼。

如今，他已是某企业的副董事长，年薪百万。

二、演讲可以磨炼一个人的意志

学好演讲并不容易，需要演讲者反反复复打磨演讲稿，背诵演讲稿……大量的准备工作考验一个人的耐心和意志。有一位讲师，每天都要花费几个小时进行准备。整个准备过程就像一名运动员的艰苦训练。演讲不仅锻炼演讲者的意志，还可以培养演讲者的耐心。意志与耐心，是人类的两大宝贵品格。

三、演讲带给人更多正能量

演讲能够为一个人带来无数掌声和鲜花，掌声和鲜花是对一个人的褒奖。如果一个人得到认可，他的精神面貌将会变得更好。有人说:“假如你想改变命运，先要改变自己的精神面貌。”

演讲是一种形式，但并非所有形式的的演讲都要在演讲台上完成。如果把演讲当成一种沟通技术和交流工具，它会给人以非常大的帮助。

提升创富的能力

如何提升创富能力？方法很多。正如前面所讲的，拥有金钱不是罪恶，金钱可以让人过上更好、更舒适的生活；拥有金钱，可以让一个人拥有更多选择权。打个比方，如果你有 100 万元，你可能在一线城市买不到一套很小的房子；如果你有 1000 万元，就能在一线城市买一套大房子。有句话说："不要跟钱过不去！"只要努力工作，就能改善自己的生活。

如今，有许多人从事直销行业。直销，需要一个人拥有良好的口才和职业形象。直销会也是一个直销从业者的"个人演讲会"。如果直销从业者掌握了演讲技能，就能提升成交率。这样的故事和案例有很多，下面讲一个直销创富故事。

有一个年轻人叫林伟，他是某国际知名直销品牌的营销人员，从事直销多年，有着非常丰富的直销经验，经常在直销会上以演讲的方式进行一对多营销。

有一年，在南方某城市，林伟组织了一场成功的直销活动。直销活动开始之后，林伟来到讲台中央，开始介绍产品。他的语言非常幽默，并且营造出非常舒服、温馨的会场气氛。没有刺耳的口号，营销方式也非常贴近消费者的心理。他介绍完产品，留出时间让消费者提问。消费者的提问，他都有问必答。他说："我做的是产品，产品不过硬，怎么解释都没有用。"提问环节结束之后，他还会留下自由讨论时间。在此期间，他还会要求工作人员打开大门，让听众自由进场、离场。最后总结时，他会补充一些题外话，比如人体健康、科学投资、理性消费等，以提升听众好感度。如果我们能够组织并成功进行演讲式营销，就能做好直销这个工作，获得经济效益。

如今，林伟不再从事直销工作，而是从事演讲方面的培训。他的口才学院在当地非常有名气。他认为："三百六十行，行行出状元。如果在演讲方面有所成就，也能成就精彩人生。"

演讲可以创富，还可以助人扬名。

有一个叫东方的人，他的经历很坎坷，两次创业，均以失败告终。创业失败之后，他意志消沉，甚至出现了一次严重的脑出血。几乎所有的人都认为：东方完了，这辈子就这样了。住院期间，他无意中从电视上看了一场演讲比赛，这个比赛有数万听众，规模宏大，演讲可以产生如此巨大的影响力。于是，东方打算一边锻炼自己的说话能力（复健的一部分），一边找机会参赛。

制订好目标，他便利用休息时间锻炼口才；一有机会，就会在病房里给他的病友演讲。渐渐地，病房已经无法容纳那么多听众了，他就选择在医院楼下的小广场上演讲。不久之后，有位企业老板找到他，问他是否对培训感兴趣，并邀请他到自己的公司做企业培训。东方找到了一条重新实现自我价值的道路。

他康复出院之后，如愿当上了一名企业培训师，有了一份比较不错的工作。东方并没就此止步，他开始研究并撰写与口才训练相关的书籍，借助现场演讲推广自己。如今，东方开办了自己的学校，不仅还清了所有欠款，而且名利双收。

现实中，通过演讲创富的故事有很多。有些年轻人开通播客，线上直播。播客直播也是一种演讲形式，口才好、知识面广、风格鲜明的播客们也能借此提升知名度，获得成功。

赢得更多的机会

生活中，许多人无力改变自己的生活状况，甚至总在抱怨：“机会是别人的，我没有机会，幸运女神从未眷顾过我。”难道机会偏向于某个人吗？在我看来，机会是人人都有的。绝不会因为你是“穷二代”，你的机会就少了。成功不是口号，是不断提升、不断争取后的结果。言外之意，机会是努力奋斗、不懈拼搏的产物。

如何才能获得更多机会呢？演讲可以提供这种机会。演讲不仅可以帮助人们创富，还能帮助人们创造更多机会。

周菲菲学习传媒专业。毕业后，她没有如愿进入传媒公司，而是去了一家普通企业。有人劝她：“菲菲，这家企业也不错，收入稳定，待遇很好，不比那些电视台差。”但是周菲菲并不喜欢这份工作，她多次考虑辞职，却始终缺乏勇气，没有选择辞职。

有一年，企业组织联欢晚会，周菲菲以观众身份参加了晚会。晚会上，周菲菲认为，公司的主持人形象不好，而且主持水平业余，如果换成她，绝不会是这样。同年，周菲菲参加了一场企业内部的演讲比赛，她表达流利，普通话也十分标准，如愿拿到了第一名。由此，她也获得了一个宝贵的机会——主持企业第二年的联欢晚会。

有人问:“主持企业晚会有什么意义？”意义非常大。对于企业而言，主持人通常是办公室副主任级别的角色。如果周菲菲把握住机会，就能获得晋升的机会。

几个月后，她如愿登台主持。果然不出所料，周菲菲舞台基本功扎实，台风大方，控场水平远高于之前的主持人。经过这次历练，她被调至企业宣传部门任职。后来，她还经常主持企业品牌宣传会，也对公司的礼仪推广作出贡献。周菲菲一步一步走到公司宣传部副部长的位置，她说：“幸亏我没有离开公司，凭借演讲和口才找到了适合自己的岗位，与此同时也能为公司贡献自己的能量……”

百度百科上，对口才的定义是这样的：“在口语交际的过程中，表达主体运用准确、得体、生动、巧妙、有效的口语表达策略，达到特定的交际目的，取得圆满交际效果的口语表达的艺术和技巧。”口才是演讲的基础，拥有了口才，也就向演讲迈出了第一步。演讲也能帮助人们锻炼并拥有这种艺术表达技艺，让语言表达言之有物、言之有情、言之有信、言之有理。

有一个反面故事。

小孟是某公司的项目经理。有一年，该公司招标项目，如果成功招标，就能给公司带来300多万元的利润。因此，公司非常重视这个项目。

通常来讲，公司项目办都有自己的项目主持人。该公司也是如此！但是这一次，公司的项目主持人小刘因父亲去世，临时请假15天，主持项目招标会的任务就落在了小孟头上。小孟的口头表达能力不错，但是没有主持招标会的经验，他非常紧张，唯恐犯错。

项目招标会开始之后，小孟走上讲台，向参加计划招标的客户介绍公司项目的特点和优势，以及项目的合作方案。但是，小孟缺乏临场经验，紧张之后竟然忘了词，场面十分尴尬。后来，场面虽然恢复了正常，但是招标任务没有完成。有位参加招标会的客户说：“这家公司确实令人失望，连招标这么重要的事情都搞成了这样，我根本没有看到他们的招标诚意。”同样，其他与会人员也有这样的感觉。

上面故事中，小孟并没有犯错，他只是公司项目组的普通成员，没有项目主持的经验。如果小孟掌握了主持会议的本领，具备演讲的才能，是否就能帮助公司顺利完成项目招标任务呢？由此可见，拥有演讲本领，拥有主持会议的能力，掌握一套讲话的本领，就可以胜任一些重要的工作。

提升个人的修养

修养体现了一个人的素质和德行。一个有修养的人，才能得到众人喜爱。有句话说："这是一个看人品的时代。"修养体现人品，有修养的人，就有好人品。如果一个人缺乏修养，很难在社会立足。宋代学者赵与时在《宾退录》中写道："柳公权书如深山道士，修养已成，神气清健，无一点尘俗。"修养达到一定的程度，就会脱离尘俗杂气，给人一种洒脱之感。

修养包含哪些元素呢？修养包含道德修养、文化修养、礼仪修养等。演讲是一门语言艺术，但是这门艺术也可以提升一个人的修养。演讲与道德修养、文化修养和礼仪修养都有哪些关系呢？

一、演讲与道德修养

当今社会，人人都要讲道德。没有道德，也就没有修养。哲学家培根认为："一个人假如能在心中充满对人类的博爱，行为遵循崇高的道德，永远围绕着真理的枢轴而转动，那么他虽在人间也就等于生活在天堂中了。"

道德是行为准则，是一种以身作则的行为规范。演讲是一门技艺，但是这门技艺体现了历练与成长的过程。人们通过演讲不断强化"以身作则"的责任，规范自己的行为。莎士比亚认为："道德和才艺是远胜于富贵的资产。堕落的子孙可以把贵显的门第败坏，把巨富的财产荡毁，而道德和才艺，却可以使一个凡人成为不朽的神明。”

还有一位演说家说：“演讲培养了我的耐心，也让我懂得如何与人相处。演讲既可以锻炼一个人的口才，还可以提升一个人的道德水平。”那些伟大的演说家通常都有极高的道德修养。另外，还有许多演说家的演讲题目与道德有关，他们一边宣讲道德，一边努力把自己培养成道德标杆。由此可见，演讲能够提升一个人的道德修养。

二、演讲与文化修养

演讲是一项文化活动，演讲活动与文化修养息息相关。演讲者想要做好演讲活动，就要不断提升自己的文化知识水平。

有一个年轻人，他很喜欢演讲。有一年，他打算参加本省组织的演讲比赛。因为，比赛获胜者不仅可以获得不菲的奖金，还有机会被组织方推荐到相关单位工作。年轻人为了提升演讲比赛的获胜概率，拼命恶补文化知识，每天拿出两个小时进行阅读，并认真记笔记。随着时间积累，大量的阅读给他带来了巨大的帮助。一方面，他的知识面变得开阔；另一方面，量变引发质变，继而提升了他撰写文章的能力。最终，他在演讲比赛中获得第三名，拿到了一万元奖金。虽然没有得到推荐工作的机会，但是凭借良好口才和文化修养，他成功应聘到一家待遇非常好的培训公司工作。

演讲是一种文化，当演讲者的综合文化水平达到一定程度时，他的演讲水平也会提高。许多成功的演说家，他们的知识、文化层次较高，甚至还是某个文化区域内的代表人物。演讲不仅可以提升一个人的认知水平和表达水平，还能提升一个人的文化修养。

三、演讲与礼仪修养

演讲也可以提高一个人的礼仪修养。演讲需要演讲者穿着得体、庄重，给听众一种良好的视觉感。演讲者要有稳定的、扎实的台风，台风决定演讲的成败，也体现着演讲者的控场水平。演讲者要有得体的肢体语言，肢体语言甚至比言语更加重要。演讲者还要与台下的听众进行互动，要表达出自己的诚意和真心，演讲行为本身就是礼仪。

演讲作为一种礼仪，主要体现在以下五个方面：

声音：演讲时，演讲者对声音的要求非常高，声音要有高低之变，要体现重点，还要富含情感。

语言：演讲是一门语言表达的艺术，要求演讲者始终坚持礼貌用语。许多演说家语言表达诙谐、幽默，富有感染力。

内容：演讲内容要主次分明，积极健康，具有正确的舆论引导方向。通常来讲，演讲分为开场白、正题、结束语三部分。

肢体：肢体语言是除语言外的另一种重要的沟通方式，表情、动作、眼神构成了肢体语言“三要素”。

时间：演讲有其固定的时间，需要演讲者在固定时间内完成演讲。

总之，演讲可以提升演讲者的道德修养、文化修养和礼仪修养，道德修养、文化修养和礼仪修养构成了一个人的综合修养。

提高沟通的能力

有人说："演讲是一种沟通！"沟通是一对一的，但是演讲不同，演讲是一种一对多的、台上与台下的关系。还有人说："演讲就是舞台表演，它是舞台的一部分。"在我看来，听众也属于舞台的一部分。演讲者与听众在整个舞台表演中，处于一种配合状态，演讲者演讲，听众聆听。演讲者的讲与听众的听，就是一种沟通关系。

演讲者在台上，演讲者与听众仍旧属于一种沟通关系。沟通是演讲的一部分，甚至是最核心、最重要的部分。对于一名演讲者而言，实现"沟通"需要做好以下几件事。

一、做好引语

引语是演讲的开头，引语做得好，就能吸引听众的注意力；引语做得不好，也就无法吸引听众的注意力。引语部分，相当于主动沟通方为被动方提供的"引导方案"，听众是否爱听，取决于演讲者的引语。在文章的后半部分，我们会着重介绍引语。

二、打开主题

有些演讲者喜欢讲故事给别人听，讲故事是一件有趣的事情，而喜欢听故事的人会马上进入演讲者编排的演讲内容里。也有一些演讲者喜欢讲道理，但是想把道理讲好并不容易。讲故事也好，讲道理也好，演讲者为了打开主题，都需要邀请听众进入自己的演讲主题里。如果听众进不来，这场精心安排的演讲就是失败的。

三、情节联系

为了丰富演讲内容，许多演讲者需要联系情节，或者组织语言让情节再现，吸引并邀请听众进入自己的演讲中。有一个词叫引人入胜。引人入胜就是借助感染人的情节将其他人吸引进来，配合演讲者一起完成演讲。其实，情节联系也是一种寻找共情的渠道。

四、寻找兴趣

有时候演讲者会直接问："你们想要听什么？"这是一种征求听众意见的方式，旨在按照听众的喜好临场发挥。不管演讲内容是什么，演讲者完全可以通过询问的方式了解听众喜好，临场发挥。

五、风格选择

听众不同，演讲者选择语言表达方式也不同。如果面对的听众是普通群体，演讲语言要接近于口语，简单易懂，幽默风趣，这样不仅可以让观众听得懂，还能拉近演讲者与听众之间的距离。如果面对的听众是企业群体，就需要用专业性的语言进行演讲，给听众一种专业感、权威感，让听众信服。如果面对的听众是一群喜爱演讲的群体，那么就要拿出自己的热情和激情，以情感染对方。面对不同的听众群体，用不同的演讲方式去沟通，才能获得良好的效果。

六、肢体选择

每个人都有属于自己的独特的肢体语言，但是在不同的主题中、不同的听众面前，也要选择不同的肢体动作；或者根据现场反应和听众的参与度，不断改变自己的肢体语言，让演讲更加贴近于现场和听众的需求。肢体语言与口头表达同等重要。有时，演讲者的一个眼神就能改变演讲现场的氛围，善于用眼神的演讲者可以用眼神打动听众。

七、注重细节

演讲是非常注重细节的一项技艺，有人说："不注重细节的演讲，不是演讲！"有一位资深讲师说："在讲台上，我要观察台下学员的眼神，通过他们的眼神来判断授课效果如何。如果他们显出困顿、疲乏，则说明我的课有问题；如果他们聚精会神、饶有兴趣，则说明他们对我的课感兴趣。"

如果一名演讲者做好以上七项工作，不仅可以提高演讲水平，还能提高沟通能力。

扩展人脉的圈子

当今社会，人脉是最重要的。没有人脉的人，恐怕也难以取得成功。许多人都意识到了这个问题，人脉可以解决许多自己无法解决的事情：工作需要人脉，做生意更需要人脉。因此，有人会问：“演讲可以得到人脉吗？”前面我们讲了许多，演讲可以创富，演讲可以收获无数粉丝。既然如此，演讲也是搭建人脉的方式之一。

有一个叫周莉的女生，她看准了一个行业：直播。如今，许多人进入直播行业，直播不仅可以宣传自己，还能帮助自己赚到金钱和人脉。周莉看到直播行业的前景，于是开始做直播。

周莉的语言表达能力不太好，做了半年直播，也没拥有多少粉丝。周莉有些坚持不下去了，她认为，如果没有解决好实质性的问题，即语言表达问题，坚持也只能是浪费时间。此时朋友建议：“小周，你应该去演讲学校学习一下，提升一下自己的口才。你发现了吗？出名的主播都有一口标准的普通话和风趣幽默的流畅表达，观众看直播，绝非只看你的面孔。如果割个双眼皮、垫垫鼻梁骨就能吸引粉丝，成功就太简单了！”

接受了朋友的建议，周莉开始学习演讲。在演讲培训学校，她接受了正规的训练。训练包括语言、肢体、形体、台风等，这些元素都与直播息息相关。经过半年训练，周莉的演讲水平有了明显提高，语言表达能力也有了很大的进步。之后，她继续做直播，专攻生活时尚话题。又过了半年，周莉的直播水平明显提升，加之直播主题新颖时尚，主持风格风趣幽默，很快就拥有了大量粉丝。

周莉在做直播的同时，还在直播中带货。有一位粉丝朋友找到周莉，并向周莉询问："我公司对商品的需求量较大，能不能按批发价供应我公司？但是前提要保证供货的数量和质量，货款没有问题！"周莉心想：这是千载难逢的好机会，绝不能放过。于是与粉丝朋友进行谈判，签订了供货合同。说到底，还是直播带来的人脉发挥了作用。

也许有人会说："这不是演讲带来的人脉啊，是直播带来的人脉！"这是一个先有 1 后有 2 的逻辑。如果周莉不去学习演讲，没有进行口才训练，她也就无法做好直播。换言之，演讲锻炼了周莉的口才，让周莉的直播变得更加专业，更加吸引人。

除了周莉这样的成功案例外，还有一些人也是因为演讲而获得了人脉资源。

毛亮是一位企业讲师，他非常喜欢这份工作。他是如何获得讲师这份工作的呢？通过演讲。他说："有一年，公司组织演讲比赛，我就报名参加了。第一次，我的演讲成绩不佳，可是我喜欢上了演讲台。第二年，公司又一次举办演讲比赛，我终于获奖了。获奖之后，我从技术车间来到了企业策划部从事企业策划工作。不久，企业策划部成立了培训部门，我就当上了一名讲师。"讲师是一份很有成就感的工作，并且受人尊重。毛亮的培训课非常生动，深受广大员工喜欢。

讲到授课所得，毛亮更是滔滔不绝，他说："有了这份新工作，我认识了更多朋友。因为授课需要经常穿梭于各个部门，一来二去，我就与各个部门的领导建立了深厚的情谊。如果有什么事需要他们帮忙的，打个招呼就能解决。另外，我还经常去其他企业交流学习，认识了许多其他企业的老板、领导，学习了许多不同领域的知识。"

因演讲而获得人脉资源的人非常多，因演讲而大获成功的人也有很多。由此可见，演讲可以帮助人打通人脉，构建人脉关系网。

第二章 演讲者的职业形象

好形象价值百万

俗话说：“人靠衣装马靠鞍！”穿衣打扮很重要。但是，穿衣打扮只是这个整体形象中的部分。形象是留给别人的初始印象，形象好的人受人尊重，形象差的人总是被人诟病。尤其在演艺圈，一个好的、有品位的形象，可以为明星获得更多的人气和名声。那些不注意自己形象的人，往往得不到好机会。

王冠是农村人，家境贫寒，没有多少钱用于打扮自己。但是王冠说：“甭管自己有没有钱，一定要干净、整洁，不能让其他人瞧不起。”他给自己设定了一个干净的、有良好个人形象的人设。但是，这样可能还不够。

王冠的第一份工作是营销。营销工作需要他频繁与客户见面。久而久之，他仿佛遇到了瓶颈。有一次他问朋友：“我感觉自己的职业遭遇了瓶颈，是不是我知识能力不够？”朋友说：“我觉得你现在的问题是自信心不足。”这一点，其实王冠也有所感知，他认为自己是自卑的，这种自卑常常让他陷入一种困境，他自卑于自己的出身，因此即使觉得自己穿得再干净也无法摆脱那种卑微。用他的话说：“我难以摆脱那种出身的‘卑’——只能从事卑微的工作，或者卑微地去工作。”他意识到是自己缺乏自信。

后来，他的工作要求他组织会销（会议营销），而会销属于一种演讲式营销，他无法绕开演讲，只能报名学习班进行学习。经过三个月的学习，他仿佛找到了自信，形象也有了变化。虽然他的穿着打扮还是简单朴素的，但是他的气质已与以往不同，整个形象更加自信、阳光。在客户面前，这样的形象是非常有意义的，可以给客户一种“安全感”。就像王冠所说：“良好的职业形象是无法用金钱买到的。”王冠的会销工作做得非常成功，良好的职业形象也帮助他更加自信。

那么，个人形象与演讲存在怎样的关系呢？演讲是一门艺术，艺术包含技术的部分，也包含礼仪的部分。当技术与礼仪相结合，就能全面展示一个人的形象。

一、演讲带来自信

自信的人拥有良好的形象。高尔基说：“只有满怀自信的人，才能在任何地方都怀有自信，沉浸在生活中，并认识自己的意志。”演讲，也是勇敢者的游戏。能够站上讲台的人，都是有勇气的人。有了演讲的勇气，就会产生自信。自信是成功之母，也是提升个人形象的主要元素。如果一个人没有自信，说话声音不洪亮，做事也不果断，就会让人瞧不起。因此，为了提升自己的形象，我们完全可以通过演讲的方式找到自信。

二、演讲提升说话功力

演讲是一门语言艺术。伟大的演说家魅力十足，而他们的魅力，就在于对演讲的语言掌控水平一流。如果一个人说话结结巴巴、毫无逻辑，怎么能有良好的个人形象？那些个人形象好的人，不仅自信，而且语言表达能力一流，逻辑严谨，富有感染力。有一位演说家说："演讲给你一副好嗓子，让你的嗓子比以往更好；演讲给你一套讲话的逻辑，让听众找不出任何破绽；演讲给你一个'效果器'，可以提升讲话、沟通时的氛围。"总之，演讲是一门非常好的技能，越来越多的人选择学习演讲，也是为了能够提升自己的表达能力，继而提升自己的形象。

三、演讲带来好的仪表、仪态

通常来讲，一个人的良好形象是这样的：面孔干净，头发利索，着淡妆；衣服得体、庄重，与外界环境相得益彰；指甲干净，袖口干净，鞋子干净；走路的时候有一种良好的自然形象，肢体动作与语言表达协调一致，落落大方。上面我们提到的这些，都可以通过演讲的方式来锻炼自己，让自己掌握这套本领。如果我们掌握了这套本领，懂得着装，学会了肢体语言，就能提升自己的整体形象。

除此之外，演讲还可以培养出一种不俗的气质。良好的气质，需要良好的形象去协调，而演讲就是提升个人形象的利器。俗话说："个人形象价值百万！"如果你尝试并学习演讲，或许就能帮助自己赢得百万。

选择得体的着装

对于一名演讲者而言，穿衣是有讲究的。其实，即便只是作为一名职场人，也要学会穿着打扮。选择一身得体的衣服，塑造良好的职业形象，给他人留下好印象，是取得进步和获得成功的快速通道。

也许有人会说：“莫不是你在推成功学吧？成功学都是骗人的。”我想说的是，成功不是学问，它是一种结果。人生只有两种结果：成功和失败。成功，并不一定是取得非常伟大的成绩，平安一生也是一种成功，明哲保身也是一种成功。不求大富大贵，但求有一份属于自己的事业。但是，人人都希望自己能够更好一点，就像某位企业家所说：“如果还能更好一点，为什么不继续尝试呢？”追求美好，对待工作和生活精益求精，本就是好事。就像有人在家吃饭也要摆上桌布、摆好刀叉……这是一种仪式感，是非常神圣的。对于一名演讲者而言，得体的着装会让他发光。既然能给他带来好处，为何不在着装方面花点心思呢？那么，如何才能选择适合自己的衣服呢？

一、了解自己的体形

不同的人，体形也不同。不管如何，在选择衣服之前，你要了解自己的体形，你是稍胖还是略瘦，是高个还是矮个？了解自己的体形，才能选择合适的尺码。一个身高 1.75 米的人，就要选择一件适合 1.75 米身高的人穿的衣服，如果选择的尺码小了或大了，都会显得不协调。除了身高之外，还有胖与瘦。稍胖的人选择宽松一点的衣服，不要让自己的身体“绷”得太紧；略瘦的人选择修身一点的衣服，让自己的形象看上去更加稳重。但是，稍胖的人也不要选择过于宽松的衣服，还要考虑“修身”的问题，如果稍胖的人选择的衣服让他不显胖，则说明此件衣服适合他。同理，略瘦的人选择衣服也是如此，太“修身”反而会给人一种“骨感”的印象。另外，选择衣服不要盲目跟风，并不是所有尺码合适的衣服都适合你。选择衣服，要对自己的体形有所了解和掌握，更要有自己的态度和想法。

二、掌握适合自己的穿法

关注娱乐圈新闻的人可能都看到过，明星会出现“撞衫”现象，并不是所有的明星都能穿出模特的感觉。同样一件衣服，有的明星或许穿出了更好的气质，而有的明星，即便名牌加身，也给人一种“不协调”的感觉。

某协会曾经组织演讲比赛，参赛选手统一穿蓝色 T 恤，不同的选手穿出不同的味道，其中：甲个子较高，身材比较苗条，他将 T 恤塞进腰间，给人一种非常挺拔、干练的感觉；乙个子矮，身材也比较瘦小、苗条，他也选择将 T 恤塞进腰间，给人一种非常好的职业人形象；丙比较胖，个子中等，他没有将 T 恤塞进腰间，而是让 T 恤自然垂落，这样的穿法给人一种非常舒服、自然的感觉，也展现演讲者一种良好的演讲形象；丁比较结实，属于“肌肉男”的类型，加之个人的形象气质比较好，他选择将T恤自然放下，整个人给人一种非常“知性”的感觉。

总之，根据自己的身材确定适合自己的基础穿衣方式才是真正地了解自己。另外，穿法类型有很多，最简单的是拿出一定的时间，不断地尝试。多次尝试之后，你就会找到并确定几种适合自己的穿衣方式，继而让自己的穿衣搭配更加协调。

三、确定适合自己的风格

风格跟性格有关，什么样的性格就有什么样的风格。想要穿出自己的风格，需要做好前两项工作，即了解自己的体形、掌握适合自己的穿法。当然，这还不够。穿衣风格具有一种“进阶”特点，而人的心情也会不断变化。有一些穿衣达人根据心情选择服装，也能搭出高级感。

有一个叫蔡丽丽的女生，她特别会穿衣。她是某公司的高级白领，经常为公司组织新闻发布会，并且是公司的发言人。换言之，她的新闻发言相当于“演讲”。她奉行一种简约风，如西装与高跟鞋搭配。她说：“西装的颜色、款式有很多，经典款色如黑色、灰色等，几乎适用于任何场合，搭配一双高档的高跟鞋，就能搞定自己的形象。如果选择其他颜色的西装，则要根据西装的颜色选择高跟鞋。”她还强调，高跟鞋具有商务性，尤其是一些重要的新闻发布会，一定要选择高跟鞋，给人一种庄重感、商务感。除了选择西装，她还选择商务气息比较重的商务套装，这种套装的特点在于，其色彩搭配早已由服装设计师确定好了。对于那些不懂搭配的人而言，选择套装是一种很保险的穿衣方案。

确定了自己的穿衣风格，也就搞定了自己的穿衣形象。

对于演讲者而言，学会穿衣是非常重要的课题，懂得穿衣的演讲者，才能更好地展现自己的演讲形象。试想一下，如果你的衣服穿得很别扭，不适合自己，台下的听众又该怎么看？

阳光干净的面孔

保持清洁，是对自己的认同和尊重。对于一名演讲者而言，保持干净、阳光的面孔是非常有必要的，如果面孔不干净，就会给人一种“污浊”的印象。那么，如何才能提升自己的形象价值呢?

陈彬彬是一个非常有才华的年轻人，他出口成章，非常有文采。有一年，他所在的公司组织演讲比赛，获胜的人将有机会直接获得特殊管理岗位。对于陈彬彬这样的年轻人而言，这是一个非常好的机会。因此，有 80 多人参加公司组织的演讲比赛，规模空前。

陈彬彬也报名参加了比赛。在众人眼里，陈彬彬年轻有冲击力，口才好，而且有一定的文学素养，大家都认为陈彬彬夺得冠军是极有可能的。为了比赛，陈彬彬开始精心打磨演讲稿。

陈彬彬有一个竞争对手叫董浩，也非常年轻，而且是传媒学院毕业，有一定的演讲、主持功底。许多人认为，演讲比赛的冠军将会在这两个人之间产生。

事实果然如此，两个人一路过关斩将，一起杀进 16 强。陈彬彬的演讲风格十分洒脱，且十分具有幽默感；董浩的演讲十分专业，具有很强的感染力。16 强比赛，公司直接聘请专业评委进行打分点评，旨在选出专业水平高的演讲者。其中，演讲打分环节包含几个打分项：语言部分、肢体部分和其他部分。其他部分包括穿着、长相、整洁等外在形象因素。陈彬彬是一个非常随性的年轻人，他更在乎精神，不在乎外貌。也就是说，他似乎有一种“偏科”倾向。与陈彬彬不同，董浩非常在乎自己的舞台形象，总是把自己打扮得很精致。用他的话说：“如果不给观众一副整洁、干净的面孔，不仅对不起他们，更对不起自己。”也有人问：“董浩啊，为什么这样在乎自己的形象？”董浩说：“如果观众看到你的样子是邋遢的，他还愿意听吗？保持干净同样是一种舞台态度！”

说到这里，大家应该猜出胜负了。在这个更加重视细节和形象的社会，有才华不注重形象的年轻人比不上那些重视形象且专业功底十分扎实的人。陈彬彬在四分之一决赛的时候被淘汰出局，评委给出的理由是：“演讲者的形象不够好，头发也显得十分凌乱。你是来比赛的，不是来赶集的！”

董浩一路杀进决赛，他的三项得分都是高分，且没有“偏科”，夺魁是意料之中的事。拿下冠军后，董浩被调至公司某管理岗位从事部门管理工作，年收入 20 万元。

有人说：“人有一颗干净纯粹的心，就足够了！”真的是这样吗？在我看来，一个人不仅要有干净纯粹的心灵，也要有干净的外表。外表的干净与内心的干净并没有冲突，无法将自己的外貌整理干净的人也不需要为自己的“懒惰”找借口。倘若一个演讲者面孔是“脏”的，又如何证明自己的内心是“干净”的呢？干净是一种性格和气质，演讲者需要干净的面孔和楚楚君子之风的衣冠。也有人说：“外表干净容易，内心干净复杂……”那么反向思考一下，既然外在干净是容易的，为什么不让自己的面孔保持干净呢?

思想家孟德斯鸠认为：“美必须干干净净，清清白白，在形象上如此，在内心中更是如此。”什么是美？美必然是干净的。莲花出淤泥而不染，其美就美在干净、不染淤泥。一位著名节目主持人说：“没有人有义务必须透过连你自己都毫不在意的邋遢外表，去发现你优秀的内在。”换言之，一个人连自己的外在美都不注重的话，又如何注重心灵美？之所以这样反复说明，就是为了提醒一点：演讲者需要干净的外在。以干净的面孔示人，是对他人的尊重。

如何才能让自己的面孔保持干净、清洁呢？清洁面孔并不是一个技术含量很高的问题，它只需要你在登台演讲前，用相关的面部清洁剂，如肥皂或者洗面奶，对面部进行清洗，然后擦干，保持干净和整洁。头发的处理也是如此，上台之前需要进行简单打理，不要让头发凌乱。如果睡眠不好，有黑眼圈，还可以适当补妆，但是演讲者不要浓妆，淡妆或者自然妆即可。只要你的面孔是干净的，衣服是合身的，就能打造出良好的演讲形象。

收放得体的举止

一个人的行为举止会给其他人留下深刻印象。好的印象是，这个人的行为举止落落大方，是优雅的、温和的、谦逊的，甚至每一个动作都恰到好处；坏的印象是，这个人的行为举止十分怪诞，让人觉得滑稽、可笑，甚至是可恶的形象。行为举止反映的是一个人的姿态和风度，姿态就是姿势和仪态，风度就是这个人展示出来的形象。

有个年轻主持人叫陈春斌，他非常在意自己的形象。他说："一个人的形象，决定了自己的舞台生涯。"主持人要有稳健、大方的台风和得体的行为举止来树立自己的主持人形象。为了让自己的外在形象好看，陈春斌是这样做的：他报名一家健身俱乐部，每天坚持健身，使自己的身体一直处于非常理想的状态。陈春斌为什么这样做呢？他说："在这个圈子里，男性练习健身，女性练习瑜伽是非常常见的，健康的训练方式，不仅能让自己保持好的身材，更能让自己拥有健康的心肺状态。"

除了健身，陈春斌还学习音乐。他每天都会弹钢琴，或者在自己的书房内听音乐。演奏乐器或者听音乐，又给陈春斌带来了哪些帮助呢？陈春斌说："音乐可以陶冶性情，净化自己的心灵。"他非常喜欢空灵、安静、舒缓的钢琴曲，沉浸在音乐中，还能悟道人生。感受着音乐产生的某种律动，他能够体会到如水的人生需要一种智慧才能安放。久而久之，他从音乐中找到了一种对待世界的方法，即“自然”。这种“自然”的接纳法则，就是让他与台下听众保持一种自然的互动，他不去强求什么，也不去刻意改变什么，而是根据听众和现场的氛围，像水一样不停地借势来找到适合自己的位置，给听众展示出一种自然如水般的舞台形象。

另外，陈春斌还坚持语言素质训练。语言表达是基本功，陈春斌的语言基本功非常扎实，但他仍旧坚持训练，目的就是让自己的语言表达能力达到炉火纯青的地步。他认为：“语言表达是主持人的饭碗，让自己的声音有亲和力，让自己的表达方式感染人，让自己的肢体语言更加得体，让自己的气息、节奏更加符合现场氛围……这些，都是主持人应该做的！”

正因如此，陈春斌年纪轻轻就已经是地方电视台的主持“一哥”。其实，他所说的这些不仅是主持人应该做的，也是每一位演讲者应该做的。

前面我们讲到的穿衣、打扮等，都属于举止范畴。对于一名男性演讲者来说，需要表现出谦逊、阳光、温和、庄重，且不失阳刚之气。如果一名男性演讲者过于柔美，听众会怎么看呢？他们会不会这么认为：“他的演讲没有阳刚之气，太阴柔了，一点都不霸气，不好看，不好看！”想要让自己在演讲台上有一个良好的表现，或者给听众一种正面形象，就要把自己的阳刚之美展示出来，这样才能给听众留下好印象。同理，对于一名女性演讲者来说，则需要表现出女性特有的气质和亲和力，展现出柔美。如果一名女性演讲者给人一种非常 man 的感觉，也会产生问题。或许台下的听众会说：“这不对嘛！女性不应该是这样的，不能太霸气，可以有强大的气场，但是不能像男性那样过于阳刚。”言外之意，男性与女性的舞台演讲形象是不同的，演讲台对男性和女性的舞台行为举止要求也是不同的。

苏联教育家苏霍姆林斯基认为：“一个人在举止和服饰方面的朴实无华、自然大方，在作风上虚怀若谷、严于律己，总是令人喜爱的。”其实，苏霍姆林斯基说出了行为举止的一个特点，即朴实无华、自然大方。现实中，有些人待人接物非常“假”，给人一种假惺惺的感觉。如果你的举止给听众一种惺惺作态感，恐怕也就无法走进听众的心里。与其装“假”，还不如实实在在地做自己。不做作、不扭捏，自然一点，勇敢一点，放松一点，只有这样才能让自己拥有自然而然、大方得体的形象和举止，并被听众所接受。

英国哲学家培根认为：“礼节要举止自然才显得高贵，假如表现过于做作，那就失去了应有的价值，因为举止言谈优美本身就包括自然和纯真。”这和苏霍姆林斯基的观点是一样的。自然一点，大方一点，诚恳一点，收敛一点，阳光一点，谦逊一点，热情一点，自信一点……只有这样，演讲者才能拥有健康、完美的行为举止，掌握并拥有舞台演讲魅力。

优雅的肢体动作

美国畅销书作家迈克·贝克特尔说：“有研究显示，人们沟通中的信息只有 7% 是通过语言传递的，38% 是通过我们的语气语调，55% 是通过我们的身体语言。”从这个角度来讲，肢体语言比口语更加重要。

肢体动作也叫肢体语言，是语言表达的重要组成部分。演讲者需要肢体语言的配合，有时肢体语言甚至比口头语言还要重要。口头语言只能口头表达，但是语言工作者们似乎也发现了：许多话是无法说出来的。这该怎么办？在情感的传达与传递上，许多人都在使用肢体语言。聋哑人使用的手语是一种纯粹意义的肢体语言，这种语言在人与人之间的交流中，完全可以取代口头语言，可见，肢体语言具有强大的功能。口头语言要与肢体语言相一致，如果口头语言与肢体语言不同步，就会被听众或者对方看穿。肢体语言可以增加语言的感染力，给听众带来听觉和视觉的直接感受。

有人说：“说话可以欺骗他人，但是眼神无法欺骗他人。”眼睛是心灵的窗户，它所传递出来的情感更加真切。复旦“网红教授”陈果说：“人与人之间的交流，语言是最低档次的。当只有通过说话才能沟通时，你们两个的关系很远。关系亲密、你知我知时，一个眼神、一次握手足矣。跟真正的朋友在一起时，无须语言、无须刻意的矫饰、无须动作。因为朋友是健康而安宁的空气。在一起时，安静但不冷清。基于长年累月的信任和相互的理解，形成一种宽松的氛围。”

眼神也是一种语言，绝望的时候有绝望的眼神，快乐的时候有快乐的眼神，悲伤的时候有悲伤的眼神，勇敢的时候有坚毅的眼神。就像美国作家艾默生所言：“有的人的眼睛像橘子一样毫无表情，有的人的眼睛像一口可以使你掉进去的井。”

人与人之间，基于信任的某种静默，也是一种语言。这类语言不需要通过声音进行传播，而是通过眼神、姿势、肢体等进行传达。

除了眼神，手势也是表达情感的主要工具。正如有位演说家所说：“手势具有与口头语言相等的效力，如果无法用口头语言表达，就用肢体表达。肢体是嘴巴的补充部分，并不是可有可无的。我也想问大家一句：‘你们见过将双手插进口袋里的演说家吗？’我想，没有！”对于听众而言，读懂了演讲者的肢体语言，才能真正读懂演讲者；对于演讲者而言，看懂了听众的眼神和肢体动作，才能实施适宜的演讲策略，让自己的舞台表演更有针对性。

那么，如何才能在演讲中熟练运用自己的手势进行表达呢？通常来讲，手势要随着说话的内容去改变。有一位资深的讲师说：“演讲或者讲课的时候，肢体动作是不需要设计的，自然而然地去表达即可。”所谓自然而然，就是手随音动，这也是一种条件反射，在现场气氛与语言制造的双重条件的刺激下，人会产生一种律动，这种肢体的律动是自然而然的。由于本书后面将会重点介绍演讲的手势，我们在此不再展开叙述。

眼神、手势、表情等，都属于肢体语言，上面介绍了眼神和手势，那么表情在演讲中，又起到怎样的作用呢？

人的七情六欲都会通过表情展现出来，喜怒哀乐是人之常情，人也是通过表情来传达自己的这些情绪。有一位演讲者的演讲主题与战争相关，在演讲过程中，他悲伤的时候就展示悲伤的表情，与此同时，听众们也可通过他的表情感受到这种悲伤，进而对演讲主题有更深的感触。另外，他还表达了对战争的气愤，此时，他会展示愤怒的表情，而听众看到这种愤怒，也会跟着一起愤怒。由此可见，演讲者的表情也是一种强烈的语言，可以带给听众强烈的冲击感。

也许会有人问："难道声音的变化就无法表达七情六欲吗？"通常来讲，声音的变化也会反映出讲话者的情感，但表达效果不及表情的变化。演讲现场，演讲者会将声音的变化与表情的变化相结合，强化现场演讲气氛，给现场听众带来更具有冲击感的表演。当然，也有一些演讲者总是面无表情，当听众看到面无表情的演讲时，无法从演讲中读取到任何情绪的成分，这种演讲自然是失败的，这类演讲者的路也不会走得长远。因为如果演讲是没有情绪的，也就无法吸引听众。

对于演讲者而言，不仅要在演讲中使用肢体语言，而且要正确地、优雅地、传神地使用肢体语言。

标准的语言发音

如果一个人使用不标准的普通话，会怎样呢？如果你的听众对语言发音的要求不高，或许你还可以应付过去；但如果听众对语言发音要求很高，你也就无法蒙混过关。因此，作为演讲者，不能将希望寄托于听众的语言要求上，而是应该提升自我，训练并拥有标准的语言发音，字正腔圆，这会带给听众一种听觉享受。

那些著名的节目主持人或者晚会主持人，他们必须达到普通话一级标准，这是起码的职业要求。什么是普通话一级标准呢？普通话水平测试分为三级六等，即一级甲等、一级乙等、二级甲等、二级乙等、三级甲等、三级乙等，最高标准是一级甲等。对于演讲者而言，也需要对自己进行严格要求，让自己的普通话发音达到一级甲等。一级甲等的标准是什么呢？国家语言文字工作委员会编著的《普通话水平测试等级标准》中是这样规定的："朗读和自由交谈时，语音标准，语汇、语法正确无误，语调自然，表达流畅。测试总失分率在 3% 以内。"

一、语音标准

标准语音以北方话为基础方言，同时吸收其他地方方言的常用词汇，排除轻声和儿化音。具体有四个方面的要求，在《普通话水平测试试卷》中就给出了一个标准大纲，即：

1. 读单音节字词 100 个，限时 2 分 30 秒，占 10 分。目的是考查应试人普通话声母、韵母和声调的发音。

2. 读双音节词语 50 个，限时 2 分 30 秒，占 20 分。目的是除考查应试人声、韵、调的发音外，还要考查上声变调、儿化韵和轻声的读音。

3.400 字短文朗读，限时 4 分钟，占 30 分。目的是考查应试人使用普通话朗读书面材料的能力，重点考查语音、语流音变、语调等。

4. 说话，时间 3 分钟，占 40 分。目的是考查应试人在无文字凭借的情况下说普通话所达到的规范程度。

这个标准是国家制定的考试标准，上面的四项考试内容和要求节选于《〈普通话水平测试〉试卷大纲》。

有人问："普通话水平能否自我测试？"互联网时代，这些问题都可以解决。演讲者完全可以在互联网上进行线上普通话水平测试，或者在微信搜索"普通话水平测试题"小程序，继而进行自我测试。另外，演讲者还可以找一位普通话非常好的听众来帮你测试，发现问题及时改正，从而纠正自己不标准的发音。

二、语汇、语法正确无误

语言学家吕叔湘在《语文常谈》中写道："语言的变化涉及语音、语法、语汇三方面。语汇联系人们的生活最为紧密，因而变化也最快、最显著。有些字眼儿随着旧事物、旧概念的消失而消失……有些字眼儿随着新事物、新概念的出现而出现。"虽然语汇、语法更多的是在"语文"范畴内，但是语汇与我们的实际生活联系非常紧密，如果错误使用语汇、语法，演讲者的演讲就会出问题，不仅会听上去别扭，甚至可能出现逻辑错误。正确使用语汇、语法，就能减少逻辑上的犯错，提升演讲的逻辑性、严谨性。

三、语调自然

什么是语调呢？语调就是说话的腔调，语调是语音的灵魂。如果一个演讲者一直采取相同的语调，听众听上去会觉得毫无情感、十分枯燥。高低起伏、抑扬顿挫的语调才会感染人。

语调自然，是要求演讲者不要刻意地高低起伏，而是跟随自己的情感去发挥，靠情绪和情感去推动，该轻的时候轻，该重的时候重，该缓的时候缓，该急的时候急，综合起来就是抑扬顿挫；语调该高的时候高，该低的时候低，即高低起伏。如果演讲者在情绪和情感的自然推动下，语调抑扬顿挫、有高低起伏，就会产生一种立体感。

四、表达流畅

在我看来，流畅的表达似乎更加重要。如果演讲者的演讲不流畅，而是断断续续，会对演讲产生十分严重的影响。演讲者演讲，首先，要熟悉演讲稿，将演讲稿背得滚瓜烂熟；其次，要保持良好的心态，克服紧张情绪；最后，要用标准的语音、正确的语汇和语法，将演讲内容自然而然地呈现。

美国总统林肯曾经说过："口才是社交的需要，是事业的需要，一个不会说话的人，无疑是一个失败者。"如果一个人掌握了演讲的技巧，学会了演讲，就能获得好口才，继而提升个人形象。

第三章　演讲前的准备

演讲稿的布局

在演讲之前，演讲者需要写一份演讲稿，然后熟练背诵演讲稿，并在演讲中完美地呈现演讲稿。当然也有人问："演讲者演讲都需要演讲稿吗？临场发挥不可以吗？"没有演讲稿的临场演讲也是有的，这种演讲叫即兴演讲。即兴演讲对演讲者的要求更高，只是绝大多数演讲者无法做到而已。对于那些刚刚进入演讲行业的人而言，撰写演讲稿、熟悉演讲稿、背诵演讲稿是基础工作。另外，还有一些主题演讲，主题演讲更需要演讲者在演讲之前撰写、打磨演讲稿，让自己的演讲更加精彩。

撰写演讲稿，如同撰写作文。想要写好演讲稿，就要对演讲稿进行谋篇布局。通常来讲，演讲稿分为三部分，即开头、中间、结尾。

一、演讲稿的开头

写作文需要有开头，写小说需要引子或楔子，写影视剧本需要一个片头，写演讲稿也是如此。当然，演讲稿的开头有无数种呈现方式。有人喜欢用风趣幽默的自我介绍开头，通过自我介绍，让听众知道自己、了解自己、喜欢自己。还有一些人用名言名句开头，如"某某说……"。这样的开头，具有一种点题效果，并能引起听众的兴趣。还有一些人通过某个故事开头，用故事吸引听众。总之，开头是必须要有的。

演讲稿的开头部分，相当于“敲门砖”。演讲者想要走进听众的内心，就要在演讲开始之后“敲门”，只要能敲开听众的心门，演讲也就成功了一半。演讲的开头部分应该如何呈现呢？我们将在后面的章节里进行详细介绍。

二、演讲稿的中间

演讲稿的中间部分就是演讲的主题内容，演讲的主题是什么，内容部分就是什么。有一名演讲者，他在一次比赛中的演讲主题是绿色环保，因此他在正文部分用大量的内容对绿色环保进行阐述。在演讲稿的中间部分，他选择了大量的故事，用故事解释主题。整个演讲需要十分钟，中间部分用了八分钟，剩下两分钟，一分钟留给开头，一分钟留给结尾。演讲稿的中间部分是整个演讲稿中最重要的部分，如果中间部分无法铺展开，整个演讲就会给人一种“说了半天等于没说”的感觉。现实中，有些演讲者即便没有华丽的开头，但仅靠精彩的中间故事，也可以扭转开局不利的局面。因此，演讲者在撰写演讲稿的时候，一定要在演讲的正文部分处多花些功夫。

三、演讲稿的结尾

演讲稿就像作文，有开头，也要有结尾。演讲稿的结尾，还有点类似于老师讲课时的收尾，一定要有结束语。结尾要对所讲内容进行简单的归纳和总结，好的结尾犹如画龙点睛之笔，甚至可以起到提亮演讲、升华主题的作用。当然，演讲并没有一个固定的标准，只要观众觉得好，这场演讲就是成功的。

除了布局演讲稿的结构之外，演讲稿还有三个重要元素，即主旨、题材、材料。

主旨：就是演讲稿的主要意思或中心思想。无论如何，演讲都需要有一个中心思想，没有中心思想的演讲是散乱的。好比一个人出去旅游，却没有明确的目的地，这样的旅游也就失去了意义。布局演讲稿，必须要有主旨，给演讲设定主题思想，同时避免让自己的演讲离题万里。

题材：演讲者开始布局演讲稿之前，都会寻找合适的演讲题材。什么是演讲题材呢？简单地说，就是谈资，就是你打算在演讲的时候和听众谈点什么。如果你有足够好的题材，而这个题材恰恰适合你，可以促进你发挥，这样的演讲往往都会很成功。因此，演讲者需要在谋篇布局的时候找到适合自己的题材，再将题材进行提炼，形成自己的语言，或者形成演讲稿。

材料：演讲材料是直观呈现的东西，它不是某个抽象的观点，而是简单易懂、最为直接的东西。演讲评论家艾米丽·迪金森说："我在演讲训练中，其中一项就是把演讲者需要记住的原则或概念转化成生动而富有现实感的材料，而不是干瘪的理论或说教。"这句话我们不难理解，如果我们的演讲稿里有大量的理论或者说教的内容，那么我们的演讲一定不会讨喜。在当今这个充斥着个性化的世界里，人人都有自己的理论，而且都希望他人能够信服，如果在演讲时一味说教反倒令人讨厌。

如果演讲者在撰写演讲稿之前了解了演讲稿的谋篇布局，并将收集的材料整理到自己擅长的主题演讲稿里就能谋划出一篇优秀的演讲稿。

策划演讲题目

演讲不是随性而为，演讲题目相当于为自己的孩子取一个好听、好记、有意义的名字。如果演讲题目不好，或者没有题目，是无法吸引听众的。在这个“流量为王”的时代，名字就意味着“流量”。从事媒体工作的人都知道，一个好题目，胜过千军万马，如果名字不吸引人，也就无法产生流量。因此，策划好演讲题目是非常重要的。

如果不是同题演讲，演讲者需要花费大量的时间去策划演讲题目。虽然“标题党”这个词略带讽刺，但是很多“标题党”成就了流量大王。演讲者要具备一种“标题党”的策划能力，了解策划题目的重要性。那么，策划演讲题目有哪些重要性呢？

一、确定演讲的方向

做任何事情都要有明确的方向，演讲者确定了演讲的题目，也就确定了方向。有了方向，才能形成一种逻辑推进的顺序。写演讲稿和写论文一样，都要从论点出发，然后组织材料，摆出论据，事实举例，最后形成一篇演讲稿。如果没有题目呢？只能是自由发挥，随意想象，写到哪里是哪里。演讲就是几分钟的事情，如果连个题目都没有，内容肯定是散乱的。最后，听众听完了演讲，依然是丈二和尚摸不着头脑，这样的演讲还有何意义？

二、补充相关知识

如果把演讲比喻成航行，演讲者相当于航行的掌舵人，如何才能完成这次航行呢？他需要准备一个海上指南针确定目标的方位；需要提前准备好一艘船，没有船是万万不能的；需要船帆，船帆用来提供必要的动力；需要准备食物和水，否则他将会因饥饿而出问题；还需要药品，没有药品也就无法应对突发性的疾病和伤病；需要信号弹，如果遇到危险，可以发射信号及时求救；需要一本航行手册，了解航行的知识；等等。对于一名演讲者而言，有了演讲的目标选题，就需要针对这个选题补充足够多的知识，丰富自己的演讲内容，让演讲更加精彩。

三、题目体现价值和成败

一个好的演讲题目等同于写作文时取了一个有意义的标题。有一位老师说："老师在批阅作文的时候，先是看题目，题目吸引人，就会认真审阅；题目不够吸引人，或许会审阅得不太认真！"由于批阅试卷的工作量很大，阅卷老师可能会从那些题目最吸引人的作文中做选择。演讲也是如此。如果演讲比赛有许多人参加，评委们在演讲者的反复刺激下，难免会产生视听疲劳。最终评选时，他们也只能从自己喜欢的或者吸引眼球的演讲题目中做选择。因此，吸引人的演讲题目成功率更高，不吸引人的则失败率更高。与此同时，演讲题目也能直接体现这场演讲的价值。

四、题目决定内容的撰写

撰写演讲稿是非常重要的一个环节，如果演讲稿写不好，演讲也就无法讲好。就像老师讲课，老师们总会在课前备课，备课越充分，课也就讲得越好。虽然有人认为：备课好的老师也不见得讲得好，但这种“讲好”的概率会加大。对于水平相当的演讲者，谁的演讲稿写得好，谁便具有优势。

确定了演讲的方向，才能确定演讲题目；充分准备演讲的相关知识，才能撰写好演讲稿。当然，策划并确定演讲题目，并非只是为了撰写好演讲稿，而是为了向听众呈现更加清晰、明确的内容，提升听众的兴趣。

撰写演讲稿的内容

撰写演讲稿的内容是一项比较费心的工作，撰写的演讲稿质量越高，后期演讲时的把握也就越大。有人问："撰写演讲稿的内容难不难？"如果一个人能够掌握足够成熟的写作技巧，撰写演讲稿并不难。但是，想要掌握撰写演讲稿的技巧，却不是一件容易的事情。就像一个人立志成为有名望的作家，只要耍嘴皮子是无法做到的，他需要不断阅读、不断学习、不断练习写作，锤炼自己的写作技能，日积月累，量变引起质变，才能获得成功。但是，并不是所有的努力都能有效转化，并不是所有人都能成为演说家，毕竟，业内佼佼者为数不多。因此，我并不提倡"努力"二字，而是提倡"用心"二字。用心比努力更重要，学习并掌握技巧，比盲目硬写重要。如何才能写好演讲稿呢？

一、准备撰写资料

"工欲善其事，必先利其器。"想要写出好内容，必须提前准备好工具、资料。工具即纸和笔，电脑化办公的今天，有一台电脑和打字机也是可以的。更重要的是，演讲者要把准备撰写演讲稿的所有资料准备好，案例、故事、论点、论据等，提前准备好了，撰写的时候就更方便、快速。如果没有准备好，就需要临时收集，这样的效果肯定不如提前做好准备。我从事专业文字工作多年，养成了这种提前准备的写作习惯，并从中获益，因此向读者朋友们推荐。

二、观点可信、鲜明

材料准备完毕之后，就开始演讲稿的撰写工作。撰写演讲稿，需要提供可靠、可信的观点。如果观点不可靠、不可信，将严重影响后面的演讲。所谓可靠与可信的观点，就是确保演讲的观点是正确的，不能出现严重的逻辑错误。

另外，演讲的观点要鲜明。如何做到观点鲜明呢？依我看，观点鲜明体现在四个方面：（1）观点要正确，不能存在太大的争议；（2）鲜明的观点就是一定要有立场，支持什么，反对什么，什么是正确的，什么是错误的，都有明确的界限，只有这样，观点才是鲜明的、突出的；（3）鲜明的观点还要具有时代性，传统老旧的观点无须老调重弹，选择新颖的、时尚的观点更能引发关注与共鸣；（4）观点要有一定的弹性和延展性，如果观点无法展开，这样的观点也就难以让演讲者发挥。如果演讲者的演讲观点符合上述四个特点，也就能做到观点“旗帜鲜明”。

三、结构要清晰，语言要直白

前面我们讲到，演讲有三大结构，即开头、正文、结尾。开头部分点出观点，正文部分叙述观点，结尾要有总结和结束语。这三大结构是基础结构。当然，这是最基础的写法，虽然演讲稿不是千篇一律，但这三部分是必须要有的，至于在真实的写作中，也可以依据演讲者的写作水平对演讲稿进行锦上添花，但只要环环相扣、逻辑严谨即可。

还有一点要强调，撰写演讲稿的语言要简单、直白。演讲是口语化的舞台表现艺术，演讲稿的撰写，也要贴近口语化。如果我们撰写的演讲稿文学性太强，也会影响舞台演讲。毕竟，演讲稿与纯文学文本有所不同。

四、语言要流畅、幽默

大多数听众喜欢流畅、富有趣味的演讲；如果演讲者带着一种苦大仇深的情绪进行演讲，多半也会影响到听众的情绪。对于严肃的演讲题目，可以用一种渲染力去渲染。但无论是哪种类型的演讲，演讲稿一定要语言流畅，富有节奏感。曾经有一个演讲者上台演讲，演讲过程磕磕绊绊，中间时有停顿，但是这并不符合他的演讲水准。后来查找原因才发现，是演讲稿出了问题。

在语言流畅的基础上加上“幽默”二字，演讲的趣味性和吸引力都会大大增强。作家林语堂说过一句话：“我很怀疑世人是否曾体验过幽默的重要性，或幽默对于改变我们整个文化生活的可能性——幽默在政治上、在学术上、在生活上的地位。它的机能与其说是物质上的，还不如说是化学上的。它改变了我们的思想和经验的根本组织。我们须默认它在民族生活上的重要。”

五、演讲稿要有针对性

针对不同的群体，演讲稿的风格也要有所变化。针对年轻人，演讲稿要有时代性，观点新颖，富有讨论性，甚至可以有一点争议；针对老人，演讲稿要适当传统一些，寻找并抓住老年人的心理；针对女性，要温暖一些；等等。总之，演讲稿要根据不同的听众来设计，一定要有针对性。

如果撰写演讲稿的时候，我们能够观点旗帜鲜明、语言简明干练、风格幽默且有针对性，就能撰写出比较优秀的演讲稿。

打磨演讲稿的内容

演讲稿的品质决定演讲的质量，因此，撰写好演讲稿，还要对演讲稿进行打磨。如今，许多演讲者都没有了打磨演讲稿的习惯，写完之后，直接按照演讲稿的原稿去背诵。如果演讲稿存在问题，演讲的时候，也会将原稿中的错误说出来，最后给自己带来麻烦。

周进是一位资深讲师，他与演讲和教学打了几十年交道。正因如此，他非常重视对演讲稿的处理，总是一遍又一遍地打磨。他认为："演讲稿的打磨，如同给一件翡翠毛料抛光。一个东西值不值钱，是否精美，关键看如何打磨，如何抛光，如何呈现它最美丽的一面。"

有一年，他组织了一堂关于管理的演讲课，受邀的听众几乎都是业内的行家或管理者。如果他的演讲赢得听众，就会给自己带来培训方面的生意。于是，他写完演讲稿之后，便开始对演讲稿进行反复的修改与打磨。他认为："演讲稿是演讲的'灵魂'，必须要打磨，只有耐心打磨，才能将演讲稿变得最符合主题、最合乎情理、逻辑最严谨、最符合自己的风格！"

打磨演讲稿要遵循以下几个步骤：

第一步，找错字、别字。有人问："难道演讲稿也要纠正错别字？"如果从严谨、认真的角度上看，找错字、别字是一个好习惯。找出错字、别字，并对错字、别字加以纠正。不仅可以养成做事严谨的习惯，而且在校订过程中，还能再一次熟悉并通读演讲稿。找错字、别字并不是为了纠正而纠正，而是形成一种阅读、检查的习惯。

第二步，找病句。检查、修改演讲稿时，除了查找错字、别字之外，演讲者还要查找演讲稿中是否有病句，并改正演讲稿中的病句。曾经有一位演讲者在演讲过程中病句频发，甚至有一个病句引起了轩然大波，观众对此表示遗憾：既然花费几小时写演讲稿，为什么不拿出几分钟的时间找病句呢？事实上，错字、别字几乎不会对演讲造成麻烦，但是病句就会给演讲带来麻烦。

第三步，检查论点、论据、案例。演讲包含了论点、论据和案例，论点、论据构成演讲的骨架，案例和故事丰富演讲内容，让演讲更加有感染力。论点是演讲稿的关键点，决定了演讲的方向。论据是为论点提供证据，因此，证据一定要与论点贴切。如果论据与论点背道而驰，或者论据无法给论点提供有力的佐证，这样的论据就需要更换。检查的目的在于，让论据与论点统一。

除此之外，还要检查案例。通常来讲，演讲离不开案例，案例就是故事。检查时要检查故事是否符合主题、是否新颖、是否具有感染力……总之，检查论点、论据、案例是非常重要的，合适的保留，不合适的替换。

第四步，查找逻辑问题。养成严谨的逻辑习惯，培养严谨的演讲作风，才能真正赢得听众的掌声。演讲稿需要逻辑严谨。所谓逻辑严谨，就是要能够自圆其说。如果演讲者的演讲不能自圆其说，则说明逻辑出了问题。自己无法证明自己，这样的演讲是失败的。因此，演讲者写完演讲稿之后，还要反复地推敲，检查自己的演讲稿是否存在逻辑硬伤。如果演讲稿存在逻辑问题，就需要重新调整演讲稿内容，甚至要重新谋篇布局，重新撰写。那些注重逻辑的演讲者，他们还可以培养出更加“高级”的听众，提升自己的名气和口碑。

第五步，检查开头与结尾。演讲稿的首尾，同样是非常重要的。开头部分是引子，引子写得好，可以直接将听众带入演讲之中；引子不吸引人，也就很难敲开听众的心门。打磨演讲稿，是从打磨演讲稿的开头部分开始的。同样，演讲稿的结尾也是非常重要的。有人说：“演讲的结尾并不仅仅只是致谢和祝福语，还可以有其他元素。”到底有哪些元素呢？我们先卖个关子，留在后面的章节进行详细讲解。不管如何，有一个好的结尾，才能给整个演讲画上一个完美的句号。

以上“五步法”是许多资深演讲者或者主持人采用的打磨演讲稿的方法。演讲者们可以参照这个方法对演讲稿加以打磨。当然，打磨稿件是一种态度和习惯，坚持这样的态度和习惯，就能打磨出优秀的演讲稿。

登台前的排练

打磨完演讲稿，几乎就到了登台演出的时候了！但是，如果是一个新人，没有足够的把握，还需要在登台前熟悉演讲稿、背诵演讲稿、调整演讲状态。这个过程，也就是演讲的排练过程。国外有这样一段关于排练的话：“你无法想象英国皇家话剧团不看剧本就上台演出莎士比亚的话剧，你也无法想象一场歌剧因为演员逃避练习而使演出超时会是什么情景，但是在演出或演讲中这些情况时有发生。排练就是精彩演讲与平庸演讲的分水岭。”

上面这段话解释得非常明白。如果演讲者想要在演讲台上有精彩表现，就需要在登台前进行排练。还有一句话是这样的：“用排练的方式寻找演讲中的错误！”排练可以犯错，但是演讲不可以犯错。如果一个人把所有的错误都犯在演讲前的排练阶段，然后对所犯的错误进行彻底的纠正和调整，到了正式演讲的时候，也就不会犯错了。有人问：“登台前的排练，都排练些什么？”在我看来，演讲前的排练工作包括以下几个方面：

一、让朋友（亲人）帮助你指出错误

徐阳准备参加一场商业演讲比赛。为了取得好名次，他找自己的女

朋友为其指出错误。徐阳排练的时候，他的女友就在旁边充当听众，然后认真聆听徐阳的演讲。

第一次，徐阳的演讲非常不流畅，这是不熟悉演讲稿所导致的。因此，徐阳拿出一个小时的时间继续熟练演讲稿，记忆演讲稿，背诵演讲稿。一个小时之后，徐阳的演讲比此前流畅多了。

第二次，徐阳的演讲又产生了一个新问题，就是演讲的过程中，某些字和某些词语吐字不清晰。徐阳的女朋友给出自己的看法："从听众的角度出发，如果演讲者吐字不清晰，听众就会产生厌倦情绪。"因此，徐阳及时停下来，针对个别文字和个别词进行纠正，最后解决了这个问题。

第三次，徐阳的演讲仍旧存在问题。徐阳的女朋友说："其实也很顺畅了，但还是觉得少点什么……"虽然她无法具体描述出来，但她建议徐阳，多进行几次排练，查找问题。又经过几次排练，徐阳的女朋友说："问题找到了，是演讲的节奏和气息出问题了。如果在这方面改进一下，效果会更好。"

第N次，徐阳遭遇的问题是这样的！徐阳的女朋友说："虽然气息、节奏都对了，但是缺少演讲的情感和情绪。我也喜欢演讲，看过许多著名演说家的表演，他们在情感、情绪渲染方面，很有自己的特色。"于是她建议："徐阳，你要增加点情绪，没有情绪的演讲，给人的感觉太'平'了。"

经过多次调整，徐阳的演讲问题终于排除了。比赛开始之后，徐阳的表演非常不错，最后在该商业演讲比赛中拿到了第五名。

也许有人会问："既然徐阳如此努力，为什么才得第五名？难道还有什么问题没有得到解决吗？"演讲比赛有一定的偶然性，毕竟人外有人、山外有山。只要演讲者能赛出自己的状态，赛出自己的水平，就可以了。

二、控制演讲时长

很多演讲比赛是有时间限制的。有一个年轻人特别喜欢演讲，于是报名参加了某演讲比赛。这个演讲比赛限制时长，不能超过 15 分钟。于是，他找到自己的妈妈和哥哥帮忙，妈妈帮他计时，哥哥帮他找错误。这个年轻人的演讲技能和演讲水平都不错，但是时间控制得不好，总是超时。为了解决这个问题，他对演讲稿的内容重新做了处理。经过数十次的排练，年轻人终于控制好了时间，并在参赛时在规定的时间内完成了演讲。有人问：“演讲超时了会怎样？”如果是比赛，比赛对时间的要求非常严格，超时意味着违规，会被评委扣分；如果不是比赛，演讲时间太长，也会让听众产生长篇累牍、拉拉杂杂的拖沓感。

三、用录音设备为自己录音

排练时录音，这件事许多主持人都在做。我记得有一位主持人在大型文艺晚会开始之前，常会在自己的领口别上一个微型的录音设备，每一次排练结束后，他就坐下来听一听自己的主持，反复播放，找到出错的地方，然后加以改善，直到解决所有的问题。如果你没有找到合适的听众，完全可以采用这个办法来解决问题。

除此之外，演讲者更需要在排练中调整自己的精神状态，不要让自己背负太多压力。精神紧张不利于演讲，需要在排练过程中找到减压的方式，继而增加上台演讲的自信心。

第四章 演讲六大要事

建立自己的风格

世界上没有两片相同的树叶，也没有两个相同的人，即使是双胞胎，两个人也有区别。美国有一对双胞胎，哥哥喜欢音乐，弟弟喜欢美术；哥哥好动，弟弟好静；哥哥后来在一家金融公司做顾问，从事非常严谨的工作，而弟弟在一家艺术会馆工作，推广美术、绘画作品。每个人都有自己的风格、特点，发挥出自己的特色，才能展示真我。演讲也是如此，演讲者需要建立自己的风格，让自己拥有异于他人的特点。如果仅仅只是模仿，就会失去自己，也会失去机会。

有个人叫冯娜，她非常喜欢语言类节目，而且希望自己有朝一日进入这个行业。冯娜报名参加了一场演讲比赛，这场比赛的冠军不仅可以获得高额奖金，而且有机会进入某著名传媒公司工作。为了实现自己的梦想，她开始为比赛做准备。她非常喜欢国内的一个著名演说家，于是冯娜选择这位演说家，她模仿得惟妙惟肖，她说："我希望有朝一日跟她同台竞技……"

比赛开始之后，冯娜一路过关斩将，顺利进入8强。此时，8强的演讲者不但个个十分优秀，而且风格各异。但是冯娜有十足的信心，她认为自己一定能赢。当演讲结束后，她竟然以较大比分落后于其他人，最后被淘汰。一位演讲评委说：“你的演讲不错，台风也很好，基本功也非常扎实。但是，你让我想起某个人的演讲，我确定，你是在模仿她的风格。”冯娜回答说：“是的，我确实喜欢她，也喜欢她的风格。”评委继续说：“其他几个人都有自己的风格，而你没有！观众和评委更想看到真实的你，而不是另外一个‘明星’。谢谢你的参与，希望你不要气馁，再接再厉！”出局后的冯娜虽然有些失落，但是她意识到自己的问题：演讲者的首要任务是做好自己，而不是扮演别人。形成自己的演讲风格，才能给观众留下深刻的印象。

如何才能建立并形成自己的风格呢？可能这个过程有些复杂，但只要坚持以下几点，演讲者就可以建立自己的风格。

一、拒绝偶像

故事中的冯娜，她一直模仿自己的偶像，因此失去了自己。演讲者想要建立自己的风格，首先要拒绝偶像。我们可以学习优秀者的优点，但不要学习并模仿优秀者的特点。如果我们完全按照自己的想法去设计演讲，就能形成自己的风格。近几年涌现了许多模仿秀和明星脸，这些人多半光鲜一时，之后便销声匿迹。现实中，我们一定要拒绝成为另外一个人，而要想办法成为自己。远离你的偶像，不要刻意学习、模仿某个人，时刻提醒自己：“我就是我，是独一无二的存在。”

二、找到自己

“找到自己”是一个心理学范畴的词汇，只有找到自己，才能建立自己的风格。如何才能找到自己呢？看上去有点“骑驴找驴”的感觉，实际上，寻找自己是一件需要我们克服自身弱点的事情。想要找到自己，需要做以下几件事：

一是学会自律。自律，就是自我控制，变被动为主动。如果说，模仿他人是被动的，拒绝模仿他人就是一种主动。著名政治家约翰·福斯特说过：“成功源于自律，一个人若没有果断的品质，他就永远不能算是一个独立的人。”自律是成功的基础，只有自律的人才能找到自己。自律是一种自我掌控，完完全全是主动的，是自己说了算。

二是独立思考。养成独立思考的习惯，不要遇到难题，就寻求他人帮助。有一位心理学家发现，人们养成了求助于人的习惯，就会变得懒惰。模仿他人就是一种懒惰的表现。如果我们养成了独立思考的习惯，就会摆脱这种思维惰性，让自己变得更加积极主动。对于演讲者而言，独立思考才能形成自己的风格，才能使自己的风格有别于他人。

三是时常反思。有位叫马克·瓦恩的哲人说过一句话：“当你发现自己站在了大多数人的一边，你就该停下来反思了。”这说明，当一个人已经被某个群体同化了，就需要反思自己是否出了问题。反思，让人清醒，更让自己知道，自己做出的选择会有怎样的结果。时常反思，人们才能形成自己的独立思想，才能从反思中找到自我。

如果演讲者能拒绝模仿偶像、找到自我，坚持独立思考，常常反思并坚持自律的生活，就能培养出属于自己的风格。

实现高效的沟通

有人问："演讲是沟通吗？"演讲不仅是沟通，还是一种高效沟通。演讲具有沟通的特质，如果演讲无法实现沟通，问题也就出现了。首先，听众会将注意力转向其他地方，不再关注演讲者本人的演讲，这会导致演讲失败。其次，没有沟通的演讲算不上真正意义上的演讲，只是独角戏而已。真正的高手，不仅懂得演讲，而且懂得如何在演讲中与他人沟通，继而实现某个目标。

如今，许多公司、个人都会采取演讲式营销。这种营销方式是一种广泛存在的营销模式，比会销更有感染力，比普通直销更加直接，还可以实现"一对多"营销。营销是一种沟通，演讲式营销更是一种以高效沟通为基础的营销。

王建，是一名工艺美术师，从事陶瓷行业。他掌握很好的制瓷工艺技术，并且开办了一家陶瓷厂。在传统营销趋于饱和的情况下，他与某旅行社合作，在合作地点进行演讲，营销自己的产品。为了提升营销收益，他必须要把演讲这门功课做好。

第一次演讲营销，他以失败告终。有朋友建议："做营销，不能只顾着自己讲，要与客户互动，增加一些互动环节，让客户参与进来。

否则，很难卖出自己的产品！”为此，王建请了一名导师，专门学习演讲营销的课程。他逐渐掌握了营销演讲的方法，到了第二次演讲时，他的销售业绩就已经完成得很不错了。

第三次、第四次……王建的生意越来越好，演讲的效力逐渐起作用。为了实现与客户沟通，他经常在演讲营销中问客户问题，向客户解答问题；或者留出一定的时间让客户提出问题，他亲自回答客户的问题，打消客户的疑虑。增加了这样一个环节，沟通的问题就解决了。

当然，这仅仅只是其中一种方法，还有很多演讲沟通的方法。为了让客户听自己的演讲，王建经常借助影音文件的方式吸引客户的注意力。当客户看到手工制瓷的烧制流程时，顿时对陶瓷产生了兴趣。能够在演讲中抓住观众的注意力，是成功演讲的关键一步。与此同时，王建趁热打铁，加强产品宣传，并且在演讲中挖掘客户的喜好，继而实现成功营销。

据了解，2019 年，王建的陶瓷公司在旅游平台进行演讲营销，销售陶瓷工艺品总价超过 100 万元。

还有一种说法：“所有一对多的沟通，都是演讲。”一个人站在众人面前，然后开始自己的演讲，他的每一句话、每一个观点，都会影响到站在自己面前的那些人。如果这些人不想听了，演讲就会变成一个人的独角戏，也就失去了演讲的意义。演讲者要想吸引听众继续听下去，还需要做好以下两件事：

一、让对方感兴趣

演讲的首要前提是要让对方感兴趣。如果对方不感兴趣，这样的演讲是无效的。沟通也是如此。一方与另一方沟通，也要提出对方感兴趣的话题，如果对方对话题不感兴趣，自然无法引起对方的注意。前面我们讲道，演讲者在演讲之前需要反复打磨演讲稿，甚至在选择演讲题目上多下功夫。前期做足了准备，后面的工作就变得相对简单。如果演讲者的演讲话题、演讲方式以及演讲中的小故事足以引起对方的兴趣，就能产生沟通、互动的良好效果。

二、说服对方

成功沟通的标志是什么呢？在我看来，成功的沟通在于说服。如果演讲者的演讲能够说服听众，则证明其演讲是成功的。如何才能说服听众呢？难道只是大讲特讲道理吗？说服对方的常见方式有六种，参考如下：

第一种，尝试调节演讲的气氛，营造一种适合听众倾听的氛围。有时候，讲道理不如讲故事，命令不如提问，环境氛围越融洽，越容易让观众接受。

第二种，博得听众的同情，让听众感动。有些演说家擅长使用“催泪弹”，让听众流泪，也能取得良好的效果。

第三种，还有一些人则是直接采用一种“以刚碰刚”的方式，但是这种方式需要演讲者有足够的自信和勇气，并且对自己的演讲主题有100% 的把握。

第四种，想要说服对方，还要想办法拆除对方的“感情防线”，用一种动人的方式去感化观众。

第五种，换位思考，能够站在听众的角度思考问题，将问题呈现出来。这种方式有一个名词，叫“投其所好”。

第六种，如果陷入演讲僵局，演讲者还需要引入一些活跃现场氛围的活动，再次引起听众的关注。

如果演讲者能够说服听众，甚至让听众始终对演讲者的演讲感兴趣，就能实现高效沟通！

做好充足的准备

演讲如同杂技，台上 5 分钟，台下 10 年功。演讲是口才的艺术，它是人类某种综合能力的体现。书的开篇，我们讲到演讲的意义。演讲，几乎人人都用得到。或许有人觉得，演讲只是少部分人在用。其实不然。演讲锻炼人的口才，而口才是人人都要用的。老师讲课需要口才，医生看病也需要口才，销售员从事营销需要口才……因此，学习演讲是很有必要的。

前面，我们讲到了演讲前需要做好准备。一个演讲者登台之前，需要确定演讲题目，谋篇策划演讲稿，撰写演讲稿，修改打磨演讲稿，还要进行登台前的排练……演讲的准备只有这些吗？其实，演讲前还需要演讲者做好其他方面的准备，我们通过一个案例进行说明。

周萌萌报名参加了某个演讲比赛，获胜者可以得到 3 万元的奖金。周萌萌参赛的目的很明确，她就是奔着奖金去的。如今，全国大大小小的演讲比赛很多，周萌萌打比赛赚奖金的做法也是一种创收。对于一名专业级别的选手而言，备战演讲比赛也是非常专业的。

周萌萌除了打磨演讲稿之外，她还做了三项准备工作。这三项准备工作，也是演讲者必须进行的准备。

一、准备好着装

演讲者登台表演，在众人面前展示自己的形象，如果没有一身合适的行头，是万万不可以的。周萌萌说：“过往的比赛经验告诉我，一身得体的衣服，会给自己增加‘幸运分’。评委打分，有印象分环节，而且观众对你的第一印象，也是穿衣打扮。”

比赛之前，周萌萌去商场女装专柜选择了符合自己气质的衣服。由于这场演讲比赛，题目不限，职业不限，因此衣服的选择面比较广。她打算选择风格简单、大方的衣服，可以凸显自己的气质。由于她皮肤很白，所以她选择了深色系服装，以衬托她的肤色。在首饰的选择上，她也非常有心得。她选择了一条简约版的白金项链和一枚胸针。着装选择完毕，第一项准备工作也就完成了。她还解释道：“不要千篇一律地选择服装。如果演讲比赛有五轮，那就换五套衣服。”

二、调整状态

良好的状态，才会有良好的发挥。如果状态不好，就很难展示自己的演讲风采。怯场是演讲比赛的大忌。周萌萌回忆：“我也有过怯场经历！早期参加比赛时，我非常紧张，上台忘了演讲词。忘词是非常尴尬的，在紧张的情况下进行救场，几乎是不可能的。”

最常见的状态调整法是心理暗示法，暗示自己：自己一定行。这种心理暗示，常常能够起到正面作用。这种方法虽然很简单，但是效果很好。

还有一种调整状态的办法就是给自己减压。如果你的压力太大，就会紧张。减压就是告诉自己：“名次不重要，重在参与！”给自己“松绑”，减轻比赛压力和登台压力，就能改善自己的状态。虽然有些人有必胜的信念，但一味地追求“必胜”未必是好事。人，应该学会摆正自己。其实，演讲本身就是一种自我放飞，不需要把自己逼到墙角，更不要把自己搞得紧张兮兮。

三、反思几个问题

反思，就要让自己弄明白与演讲相关的几个问题。弄清问题，找到问题的答案，才能进行演讲。

1. 我准备讲什么？

除了讲主题内容外，是不是还有其他内容需要补充？准备讲什么，就要准备什么。

2. 我的听众是谁？

不同的听众，需要不同的演讲方案。因此，演讲者必须要明白，坐在自己对面的这群听众，到底是怎样的身份，应该选择怎样的演讲方案。

3. 如何与听众沟通？

上一章节，我们讲到了演讲中的沟通。但是演讲者需要提前弄明白，如何才能与听众沟通。有些演讲沟通环节，需要演讲者进行提前准备，而不是临场发挥。

4. 我要达到怎样的目的？

不同的演讲者有不同的目的。对于参加演讲比赛的周萌萌来说，她的目的就是获奖。还有一些演讲者，是为了宣传自己的思想。更有一些演讲者只是想参与一下。弄清楚自己的演讲目的，才能更好地准备演讲。如果我们连自己演讲的目的都不清楚，那就没有必要参加演讲。

如果我们厘清以上四个问题，也就能做好演讲的前期准备工作。另外，前面我们介绍的知识准备、语言准备、技巧准备、素材准备等，都是不可或缺的。演讲考察一个人的综合素养，也考察一个人的准备能力。准备越充分，所获得的演讲效果也就越好。

要多与听众沟通

演讲的核心就是沟通，前面我们讲到演讲的高效沟通，为什么这一节还要讲沟通呢？这一节，我们讲的沟通是演讲者与听众在台下的沟通，而不是台上的沟通。

台上沟通，是借助演讲进行的沟通；台下沟通，是演讲者为了寻找听众的看法和答案。一场演讲过后，听众都有自己的想法。不同的想法，可能就有演讲者真正需要的东西。有一位演说家说："每一次演讲结束后，我都会下台与听众聊聊天，问一问他们或者直接让他们给我一些建议。这些建议，有的可能是无足轻重的，还有一些真知灼见是非常值得借鉴与听取的。听众的建议，极有可能是你改进的方向。"

秦臻是一名企业讲师，经常在企业内部开展自我管理方面的演讲活动，旨在向企业员工推广自我管理。一次演讲结束后，有位部门管理者找到秦臻："你讲得这个课程不错，但是我还有几点没有弄明白。你能否单独解释一下？"秦臻听后花了一个小时为他单独补课。这之后，秦臻意识到，可能自己的演讲课程存在一些问题——某些重点和难点没有讲透。于是她亲自找到参加演讲的学员听众，与他们沟通。

她问一位年轻的部门干部："你觉得我的演讲课程怎么样？"年轻

干部说："我觉得挺好，我都听懂了！"她继续问："没有任何需要补充或者加强的地方吗？"年轻干部说："对我来说，应该是没有了。如果让我为你的演讲提建议的话，我喜欢那种借助多媒体的演讲。如果你能借助多媒体演讲，或许效果会更好。"秦臻从这位年轻干部这里得到了一个意见：借助多媒体进行演讲授课。

她又去了另外一个部门，问了一位年纪比较大的部门员工，她问道："我的课程你都听懂了吗？"这位员工说："我有两个知识点不太明白。"秦臻根据员工的反馈，将问题记录下来。然后继续问这位员工："你对我的演讲课程有什么建议吗？"这位老员工说："对我这样年龄的员工来讲，我可能希望你讲得慢一点，讲得太快，我有点跟不上节奏。"于是，秦臻将这个意见也收集起来。

最后，她去了副总经理办公室，直接问副总经理："您对我的演讲课程有什么看法？"这位副总说："你的演讲整体非常不错，气氛也很好。但对于管理者而言，我们更希望你在演讲中，可以穿插一些关于我们公司管理方面的内容，而不是罗列外部案例，或许这样效果更好！"秦臻接受建议，然后将三种不同的意见形成方案，对现有的演讲课程进行优化，形成了新的课程。

新课程与老课程相比，内容更加丰富，案例更加贴近本公司。她的新课程演讲取得了更好的效果，甚至被推广到其他公司。由此可见，秦臻的台下沟通是非常成功的。

故事中的秦臻，是一个非常善于沟通与倾听的讲师，她在台下不断听取听众的意见，她这样做的目的有两个：让自己的演讲课程更好，让更多的观众听得懂；让自己接受新观点、新看法，让这些新观点和新看法对她的演讲课程产生积极影响。

演讲是一种沟通，它需要台上的沟通和台下的沟通。就像一名演讲者在登台演讲之前，需要找一面“镜子”，让“镜子”提醒他，如何才能变得更好。

演讲者主动寻求沟通，比听众直接找上门要好得多。被动的沟通容易导致演讲失败；主动去沟通，会让演讲效果更好。某位演说家说：“我的演讲不是演讲，而是与台下的朋友聊天！当我看到他们期盼的眼神时，我才发现自己这个讲故事的角色是不可替代的；与此同时，如果没有听众，我的演讲将会变成自言自语。”演讲包括“演”与“讲”两个部分。“演”的部分呈现一个“角色”，这个角色只有在有观众观看的前提下才能成立。“讲”就是叙述观点，并让自己的观点、自己的故事得到大家满意的评价。如果听众不满意，可能就会发出嘘声或者陷入沉默；如果听众满意，则会站起来为你鼓掌。演讲者与听众的关系，是一种讲与听的关系，还是一种叙述与接纳的关系。沟通的目的在于，让演讲者的“演”和“讲”更加贴近听众，让听众更容易接纳你、支持你、响应你。

积累渊博的知识

演讲需要足够的知识支撑，就像一些相声演员说："相声演员的肚子是杂货铺！"所谓杂货铺，就是知道得多，各种各样的知识都能掌握一些。演讲绝不是信口开河，而是有目的地去说。如果你拥有足够的知识储备，演讲也会变得轻松，甚至可以玩出许多花样。演讲与在讲台讲课有相似之处，请大家看下面这个故事。

周鹏是某培训机构的年轻老师，大学毕业，拿到教师资格证之后便进入这家培训机构从事教学工作。周鹏所在的培训机构规模很大，拥有不少有经验、有学识的老师。有一天，周鹏以学员身份旁听了一堂该培训机构的课，这堂课是该机构的一位资深教师讲的，这位资深教师的名字叫陈平。周鹏听得很认真，陈平讲得很幽默、洒脱，各种各样的知识飞来飞去，而且学员的参与度也非常高。

下课之后，周鹏向陈平请教："陈老师，如何才能把课讲好？"陈平说："我想，还是得多积累。多积累经验，多积累知识。"他特别强调："你的知识面越广，课堂上呈现的元素也就越多。"

当然，知识积累是一个缓慢的过程。如果一个人打算在短时间内恶补，意义不大。因为人生也是一场演讲，并不能只为某场演讲而准备。

因此，我们的演讲者需要打开胸怀，让自己拥有更多的学问和知识，从而随心所欲地利用这些知识，呈现一场场高水平的演讲。

周鹏发现，自己很难用书本外的知识构架一堂精彩的课，陈老师则可以做到这一点。另外，自己经常有一种词穷感，这种感觉是知识匮乏导致的。因此，他开始努力提升自己的知识储备，多看书，多学习。

经过三年多的历练，周鹏的知识储备量比过去增加了很多，教学水平也有了明显提高。

怎么理解知识储备这种看不见摸不着的东西呢？举个简单的例子，有一个孩子购买了乐高积木，一共有 316 块，他能利用这些积木搭起 20 多种建筑物；后来，孩子的母亲又给他买了一些积木，一共有 706 块，此时他可以搭建起 50 多种建筑物。知识储备就相当于不停增加的积木的数量，积木的数量越多，可搭建的建筑物种类也就越多。

如今，有一个非常流行的词：解锁。只要你达到某个等级，就能解锁新技能。随着知识储备的不断增加，演讲者也可以解锁演讲的新技能和新装备。这不仅仅只是一种比喻，实际情况也是如此。许多演说家都在强调知识储备的必要性，没有知识，也就无法进行演讲。一个知识匮乏的人，他的演讲必定是枯燥乏味的。那么如何才能提升自己的“知识库”呢？有以下几种方式：

一、多读书

雨果说过一句话：“书籍便是这种改造灵魂的工具。人类所需要的，是富有启发性的养料。而阅读，正是这种养料。”读书有许多好处，获得知识只是其中一个方面。从事相关工作这么多年，我一直坚持读书，读书让人开阔眼界，也会给人带来快乐。对于演讲者而言，没有必要特别关注某一类书，可以广泛阅读，广泛猎取知识。当然，读书也要掌握方法，更要一边读一边思考。如著名历史学家顾颉刚所说：“看书不能信仰而无思考，要大胆地提出问题，勤于摘录资料，分析资料，找出其中的相互关系，是做学问的一种方法。”

二、多旅行

“读万卷书，不如行万里路”，这句话是非常有道理的。当你具备了旅行或者游学的条件，最好还是要出去走一走，在感受世界风景的同时，了解世界各地的文化。旅行，让一个人更加身临其境地接触某个东西，也就会从中得到自己想要的知识。

三、多请教

遇到问题，完全可以向其他人请教。在这个世界上，老师有很多，你只有不耻下问，才能从不同的老师那里学到不同的知识。正如上面故事中，年轻培训师周鹏向资深培训师陈平请教。请教他人，并不是一种耻辱，而是一种学习的方式。许多业内专家都是从向他人请教开始的。因此，年轻的演讲者要敢于请教，多请教，把请教当成一种获取知识、增加知识的途径。

除了上面三种方式，演讲者还要多看电视、多听音乐、多看新闻，甚至要多与其他人交流与分享。互联网也给人们带来了获取知识的途径，演讲者还可以在互联网上多参与与知识相关的讨论，为自己补充知识。

要提前说服自己

演讲也是一门说服的艺术，想要赢得听众的掌声，就要说服听众，让听众相信你的话，并且接受你的观点和看法，赞同你，支持你，只有这样，演讲才能发挥作用，演讲者才能达到演讲的目的。除了说服听众之外，还要提前说服自己。如果演讲者连自己都无法说服，又怎能说服他人呢？

其实，说服自己比说服别人还要难。因为说服自己，意味着一种改变。有些生活不如意者，总是将不如意的矛头指向别人或者社会，而没有去反思，需要自己去做点什么。

古时候，有一个叫马三的人，他有一个愿望——考取进士，然后在衙门里谋得一官半职。因此，马三一直寒窗苦读，希望能梦想成真。

但是，马三的运气一直不好，连续几次都没有考中。此时有人劝马三：“不要考了，还不如做点其他的事情。”这也无可厚非，毕竟他在仕途上遭遇了阻碍，大可以尝试换一换生活方式。但是马三非常固执，他决心一直考下去。随着时间流逝，马三的心态渐渐失衡了，考试一次不如一次。此时他发现，如果自己再不做出改变，恐怕这辈子也不会有好的结果。

马三的妻子懂得一门酿酒的技艺，于是问马三：“马三啊，不如我们酿酒、卖酒吧，城东的一家酒坊卖酒，赚了一大笔钱。既然他们行，我们也行！”马三对酿酒的这门生意不太感兴趣，但现实是，他必须要做出改变，否则自己的妻子、孩子都要饿肚子了。

马三为此经常失眠，失眠之后就会一个人月下独酌。喝酒的时候他反复问自己：“马三啊马三，你到底行不行啊！考试不行，做官是没有指望了，难道你做生意也不行？难道你就是一个废物？”喝着喝着，他的心态有了变化：“马三啊马三，你必须要做点什么！既然考试不行，那就尝试一下经营吧！万一卖酒成功了呢？”

马三慢慢说服了自己，决心与自己的妻子开酒坊。一个月之后，马三的“马氏酒坊”开业了。虽然马三没有考上进士，但他是个文人，而且写得一手好字。他酿酒，亲自撰写包装文案，而且亲力亲为去做宣传。没有想到的是，马氏酒坊很快就声名远扬。

马三虽不是演讲者，但道理都是相通的。演讲者说服自己，让自己接受某个观点，或者为了某个观点做出让步和牺牲，才能在演讲中释放自己的激情。如果我们不能说服自己，又如何演讲呢？或者说，一个人连自己都接受不了某个观点，还能进行与观点相关的主题内容的演讲吗？很显然，这是不可能的！演讲者想要说服自己，可以尝试以下几种方法：

一、改变固有思维方式

有些人固执己见，总是不想改变自己。如果你问他：“你为什么不尝试一下其他的办法？”他可能会告诉你：“其他的办法有风险，有可能让事情变得更糟糕。”正因如此，常常有人因自己的固执而错过一些人生的好机会。演讲者不可太过于固执己见，而是应该多尝试其他的思维方式，自由一点，开放一点，大胆一点。俗话说："演讲是勇敢者的游戏！"既然一个人敢于上讲台演讲，为什么没有勇气尝试改变自己呢？只有改变自己，才能接纳其他。正如某位哲人所言："人生最大的敌人是自己，人生最大的失败是自大，人生最大的愚蠢是欺骗。"

二、问问自己能不能做

还有一些人并不是不能说服自己，而是有些事情超出了自己的能力范围，自己胜任不了。有一位演讲者想要演讲关于5G的话题，但是这位演讲者并不是"技术宅"，对5G的了解知之甚少。因此，想要强行进行5G演讲的风险很大。经过几次尝试之后，这个演讲者发现，自己的能力和知识面确实很匮乏，无法完成这个主题的演讲。在此情况下，许多朋友也劝他："你换个主题吧，这个题目你可能无法讲好。"于是，这个演讲者接受了大家的建议，重新换成了自己熟悉的主题进行演讲。因此，演讲者还要经常问一问自己："我能不能做？"

三、激励自己

许多人无法说服自己是因为自己勇气欠佳。有一些演讲者拿到一个自己并不擅长的题目时，总会抱怨："这次完蛋了！"其实，完全没必要如此悲观。有时候，你可能只需要激励一下自己，让自己大胆接受并尝试，这种激励或许可以说服自己。

说服自己的方法还有很多，以上三种是最常见的自我说服法。只有说服了自己，才能全力以赴地做好演讲工作。

第五章 演讲的心态

克服过度紧张

许多人登台演讲时都会有紧张情绪，尤其是第一次上台前，总是担心这担心那。如果无法消除紧张情绪，这种心态就会影响演讲者，给他带来麻烦。

孙娜是某公司的产品发布人，经常参加并主持产品发布会。产品发布会虽然不同于演讲，但是与演讲区别不大。用孙娜的话说："产品发布会是用演讲的方式呈现产品，演讲水平决定了产品发布会的质量。"虽然孙娜是传媒大学新闻与主持专业毕业，但是她第一次主持产品发布会的时候，还是非常紧张，唯恐发布会期间出错。

"我第一次主持时声音一直是颤抖的。"孙娜说。但是孙娜得到了一位高人的指点，这位高人是孙娜的上司，一名优秀的主持人。他对孙娜说："你把主持当作你平时的训练，不要给自己压力，登台之前多做几次深呼吸。当你把听众当成'自己人'的时候，你就不会紧张、害怕了。"按照上司的指点，孙娜在第主持二场产品发布会时就已经非常大方、自然了。

克服紧张情绪的方法有很多。紧张，并非就是不好的情绪，正因为有紧张感存在，我们才会对事物产生一种敬畏感。敬畏感的产生，也会让我们对自己的工作做足准备。但过度紧张，就会影响自己水平的发挥。那么，如何才能克服过度紧张，让你的舞台演讲更具有个人风采呢？

一、调整呼吸

过度紧张的时候，人会出现呼吸急促、心跳加快等症状。这个时候，如果我们能够调整并放慢自己的呼吸，就能让自己调整回原来的状态。放慢呼吸、调整呼吸的方法，可以通过运动、健身的方式来培养。有一位主持人有练瑜伽的习惯，通过练习瑜伽，她能够很好地调整并控制自己的呼吸。这位主持人说："我经常暗示自己：闭上眼睛，放慢呼吸，让自己放松，再放松。在这样的心理暗示下，呼气与吸气逐渐变得有节奏，掌握了这种呼吸节奏，就能更好地控制自己的情绪。"因此，如果一个人有登台紧张的表现，可以通过健身、运动等方式培养一种调整呼吸的习惯。登台表演之前，通过放慢呼吸或者借助深呼吸的方式调整自己的状态，让自己的演讲正常进行。

二、给自己积极的心理暗示

有人曾经说："如果给自己一个牢笼，牢笼就会包围着你，困惑着你，让你无法摆脱；如果给自己一个悬崖，必定会跌落深渊，粉身碎骨。"换言之，你给自己什么，就会出现什么。有一位主持人说："如果你把舞台当成令人恐怖的惩罚现场，你就会产生一种无法克服的紧张感和恐惧感；如果你把舞台想象成展示自己独特魅力的地方，你就会牢牢掌控它。同理，如果你把所有的观众当成自己的朋友，事情就变得简单了；如果你把观众当成严厉的评委，对不起，可能你会紧张出错。”由此，我们得到一个克服紧张的方法，登台之前给自己积极的心理暗示，鼓励自己，暗示自己一定能行。如果一个人能够从令人敬畏的地方获得成功，也就能给自己带来成就感。

三、设计一句“安心的话”

许多演说家都有一套适合自己的放松紧张情绪的方法，其中就有一些演说家设置了一套属于自己的“安心的话”。这种“安心的话”可能只是一句话，但这句话仿佛具有某种魔力，能够帮助你克服紧张情绪，让自己在登台表演前恢复战斗力和自信心。有一位演说家的“安心的话”是这样的：“你一定是最棒的，一定能战胜舞台，给听众带来最好的表演。”当他登台的时候，他一直在心里默念这句话，这段神奇的“安心的话”确实产生了积极的魔力，帮助这位演说家远离过度紧张的坏情绪。“安心的话”是一种心理暗示法，它与运动员登台前的“吆喝声”有同等的效果。如果你是一名经常需要登台演出的人，倒不如尝试一下，给自己编写一句“安心的话”。

四、思考

伟大的物理学家普朗克曾说：“思考可以构成一座桥，让我们通向新知识。”思考是人生中最重要的行为方式，没有思考的人生，也是毫无意义、碌碌无为的一生。思考不仅可以帮助人们获取新知识，而且能帮助人们缓解紧张情绪。有一位演说家说：“当我紧张的时候，我会选择沉思。沉思让我进入另外一个世界，这个世界完全是属于自己的世界，它安全、安静。”因此，这位演说家从沉思状态下获得一种安静和放松，从而摆脱紧张感，达到缓解紧张情绪的目的。

摆脱紧张的方式方法还有很多，本章节列举的四种方法是其中最简单易行的，且效果显著。但是，无论是哪种方法，只要能让你克服自己的紧张情绪，这样的方法就可以长期坚持使用。

建立充分的自信

如果一个人有充分的自信，他将会克服紧张，在演讲舞台上展示最好的自己。什么是自信呢？自信是一个心理学名词，自信是一种积极因素，它与积极的人生相关联。如果一个人是悲观的、厌世的，他也将失去自信。现实中，许多失败者恰恰因为没有自信而屡遭失败。

有一个叫薇薇安的女孩，她自幼自卑。正因如此，她一紧张就口吃。长大后的薇薇安进了一家非常有名的学校，她身边的每个人都很优秀。有一次，学校组织文艺演出，所有人都必须表演一个节目。薇薇安是一个胆小、自卑的孩子，她选择了诗朗诵。为了准备这个节目，她耗费了极大的心血。文艺演出开始之后，薇薇安非常紧张、害怕，她说："这是我第一次演出，如果出错了，同学们会笑话我的！"

自卑的孩子往往有着一种悲剧命运，当她登台表演诗朗诵的时候，她因过度紧张而不止一次口吃，当她朗诵完诗歌，眼眶已经通红。她下台之后哭出了声，认为自己是一个彻头彻尾的失败者，无法取得成功。此时，薇薇安的老师滕卡找到她，并安慰道："薇薇安，你并没有失败。你的表演非常好，你只是需要一点自信，一点勇气。"事实上，薇薇安的表演并不是最失败的，因为还有学生在表演过程中忘记了台词。“总之，我看好你！”在老师滕卡的帮助下，薇薇安心态有了改变，并且开始接受新的尝试和挑战。

一年之后，薇薇安再次登台演出，她演出的节目还是诗朗诵。这一次，她非常自信，缓缓走到舞台中央，然后开始自己的表演。她的表演非常完美，没有出现任何一处失误，最终赢得了台下观众的掌声。许多人不敢相信，甚至惊奇道：“薇薇安竟然不口吃了！”后来人们才发现，薇薇安的转变离不开老师滕卡的指导。

薇薇安说：“滕卡老师每天给我布置朗诵任务，当我每日朗诵结束之后，滕卡老师都会给我鼓励，并说，‘你越来越好了’。在他的激励下，我仿佛找到了属于自己的那份自信。我开始学习唱歌，甚至演奏乐器。我发现，有一堵灰色的‘墙’不见了。我知道，是勇气驱散了害怕。”蜕变后的薇薇安，不仅收获了自信，而且改掉了口吃的毛病，甚至还喜欢上了舞台。10年后，薇薇安成了一名受人尊重的心理学讲师。

一名优秀的演说家，需要自信帮助其建立独立的气质和美丽的舞台形象。如何才能帮助一名初出茅庐者建立自信呢？方法有很多。

一、提升自己的专业度

许多时候，人们不自信的原因很简单：专业程度不够。当一个人即将登上舞台，而他的专业程度似乎无法满足评委和观众时，他就会从内心深处发怵。而那些高水平的演讲者，往往有着非常扎实的专业功底，根本不惧怕评委的刁钻评语。如果你的专业程度尚未达到登台表演的要求时，就需要提升自己的专业度。专业能力提升了，也就有了战胜自卑的底气。

二、培养兴趣爱好

许多自信的人，都有一些兴趣、爱好。我有一位讲师朋友，他在圈子里十分有名气，且口才一流。朋友们发现，他的兴趣、爱好十分广泛，他喜欢绘画、书法，也喜欢演奏乐器。在他看来，兴趣爱好能够让一个人更加充实，甚至在玩乐中获得成就感。如果你是一个没有兴趣爱好的人，倒不如培养几项兴趣爱好，让自己的生活更加充实、更加丰富多彩，并从中获得成就感和自信。

三、主动发言，提升音量

演讲是一门可以改善自己、优化自身能力和心理的学科活动，许多人通过登台演讲、主动发言，收获了自信。因为演讲具有提升人的勇气和自信的作用。现实中，如果有类似演讲的活动，不妨抓住这样的机会，主动发言，并且在发言中提高音量，将自己的魅力展示给你的听众，这样也能建立自信。

四、开怀大笑

有一句网络俗语："我自横刀向天笑，笑完我就去睡觉。"这是一句很幽默的话，带着一丝自嘲的味道。事实上，笑具有一种能量，这种能量可以让人收获自信，并给人带来积极面对生活的勇气。一笑了之中的"笑"，可以让人坦然面对一切；笑一笑十年少的"笑"，能够给人带来年轻的活力。如果你是一个自卑的人，常常伤感，倒不如让自己学会

“笑”。一个常常能够开怀大笑的人，一定是一个有勇气、有胆量、有信心的人。

建立自信的方法同样有很多，只要你能够坦然接受一切，放下内心的紧张，让自己变得充实而勇敢，就能找到自信。

摆正得失心态

许多人都有强烈的得失感，唯恐错过每一个机会，唯恐失去自认为重要的东西。但还有一种说法，有舍才有得。这个世界是守恒的，得到多少就会失去多少，反之也是如此。如果你患得患失，就会变得忧郁寡欢，反而失去好心态。

有这么一场演讲比赛，获得好名次的选手将会改变自己的人生。面对这个千载难逢的好机会，演讲者周兰兰做了充分的准备，并顺利从预赛中突围，进入决赛阶段。进入决赛阶段的选手，都是水平非常高的选手，他们都是冲着奖项来的。此时，周兰兰感受到了巨大的压力，她对自己的朋友说："我感觉，我整个人会在某个时候崩溃，压力简直太大了！"

朋友劝周兰兰："不要给自己压力，名次并不重要。你已经进入决赛，无论如何，都已经证明了自己！"

周兰兰说："可是，第一名将会得到高昂的奖金，还有机会进入传媒公司从事主持人工作啊！"

朋友的劝说，似乎并未在周兰兰身上奏效。她没有调整好自己的心态，更没有轻装上阵，而是顶着巨大的压力，希望"神迹"降落在她的身上。

比赛时，周兰兰发挥失常，只获得了第七名。下场之后，周兰兰仿佛突然醒悟了。在朋友的宽慰下，她对朋友说：“我当时太想赢了，结果犯了想赢怕输的错误。这次演讲，恐怕我只发挥了平时60%的水平，有两次出错，这样的错误放在平时我是无法接受的。但现在，我突然想开了：只要我参加了比赛就好，输了也要坦然接受。”

得失是古老的哲学，有得就有失，有失就有得。“得失心”是一种想赢怕输的心态，也是一种不健康的心态。得失是一体的，无法分开。看清事实真相，努力做好自己就好。有人问：“难道结果一点也不重要吗？”结果是很重要，任何不强调结果的行为都是无效行为。只是，患得患失是一种不健康的心态，这种心态会引起一系列的问题。水到渠成，当你把所有的工作都做好，结果自然也不会很差。因此，一个人只需要做好自己，剩下的事情交给时间就行。

得失心表现出一个人强烈的占有欲，这种占有欲有时会给人一记狠狠的耳光，甚至撕毁一个人。曾经有一名演讲者说：“我曾经多次站上讲台，希望从讲台上得到更多，到最后才发现，我的真正收获并不是我最想得到的那个，而是另外一个，它是一种精神层面上的，它同样也是一种结果，而这种结果，无论成功还是失败，都不会对我造成损伤。”占有欲是一种具有破坏力的欲望，它能够让人心态失衡，甚至导致人们犯下不应该犯的错误或失误。欲望是痛苦的源头，一个身心俱疲、压力巨大，甚至痛苦无比的人，又怎么可能在舞台中央展示自己的好形象呢？只有保持平常心，看清事实真相，从得失谜团中走出来，才能得到自己真正想要的。

我有一位朋友，他是非常优秀的企业讲师。他把登台演讲当作一次“生命净化”，他曾经告诉我：“每一次登台都是一次‘神性’的生命体验，这让我真正喜欢上了讲台，却又能把自己置之度外。”我问他：“你如何看待得失？”他是这样说的：“这个世界，不存在真正的得失。严格来说，连生命也不属于自己。当我们认清这个事实，那么做每件事尽力而为即可。放下得失执念，轻装上阵，享受舞台。”现在，他依然是一位讲台上的“享乐者”。享受讲台，享受自己的生命，把自己的所学展示给他人。

思想家王阳明曾说：“昨日衣蟒戴玉，大家都说荣耀，可脱衣就寝，只是一身穷骨头，何曾添得分毫？所以，荣辱不在人，人自迷耳。”真正的人生，不是单纯为了锦衣玉食，也不是为了无数个金灿灿的奖杯，而是荣辱不惊。

如果我们的讲师、老师、演讲者不再患得患失，就能减轻登台压力，挥洒自如，充分展示自己的讲台魅力。不再担心失误，也就不会因压力而犯错。有一句话是这样说：“沙子抓得越紧，漏得更快。”放下了得失心，就会拥有平常心。拥有了平常心，就会减轻生活中、工作中的压力，让自己的生活和工作充满了趣味性和诗意，也会让演讲者的讲台生涯更美好。

拒绝完美呈现

很多人希望做到尽善尽美。所谓尽善尽美，就是尽可能地把事做好，把事做完美。但是切记，尽善尽美不等同于完美。这个世界，并不存在真正的完美，只能无限接近完美而已。有时候，我们在追求完美的同时，也要防止掉进完美主义的陷阱。完美主义是一种强迫症，它可能给我们带来无形的压力，让我们无法做得更好。

有人却认为："难道追求完美有错吗？追求完美，不是才能把事情做得更好吗？"我想，我们要正确认识"完美"二字，让"完美"给我们动力，驱使我们去尽善尽美，而不是让"完美"给我们压力，更不是让"完美"去绑架我们。现实中，有些人的"遭遇"可能超出了我们的想象。

史密斯是一名艺术家，从事艺术设计工作。他有一个梦想，即创作出伟大的作品。什么是伟大的作品？在他看来，伟大的作品是完美的，毫无瑕疵的，任何人都挑不出毛病的。史密斯是一个完美主义者，他所做的一切都是为了力求完美。因此，他对自己、对自己的作品都有非常高的要求，这样的要求在他人眼里似乎有些病态。

有一次，史密斯参加艺术展，他展出了自己的艺术作品。作品展出之后，许多人都对他的作品赞赏有加。但是，有一位行家发现了作品的问题，便提出自己的看法："这个作品表面看上去十分有趣，实际上，却存在一些设计缺陷。"听到这样的评价，史密斯非常生气，他差点与这位行家大打出手。艺术展结束之后，史密斯仔细观察才发现，自己的作品确实如之前的那位行家所说，存在设计缺陷。此时的史密斯，陷入了一种"发疯"状态。他无法原谅自己犯下这样的错误，他开始闭门不出，整个人很憔悴。朋友劝史密斯："不要把自己逼上绝路，世界上哪有十全十美的东西？在不同的人眼里，美是不同的。你应该放下这种执念，放过自己！"

但是，史密斯是一个竭力追求艺术完美的人，他根本无法接受任何人的劝说。他在一种完美主义的魔咒下继续坚持创作，但是他创作的作品却一件不如一件，甚至连之前的水准都无法达到。几年之后，史密斯竟然放弃了自己心爱的艺术创作工作，去了一家保险公司做保险经纪人。有人说："是命运改变了他！"实则不然，改变他的不是命运，而是他的完美主义。

经过了巨大挫折的史密斯仿佛看透了一切，在保险经纪人的岗位上，他不再追求完美，而是竭尽所能去工作，把结局交给时间。没想到的是，史密斯没有成为一名伟大的艺术家，反而在保险领域做得风生水起，并且锻炼出好口才，演讲或者产品推介的时候，总能给听众带来有说服力的演讲。

追求完美没有错，错就错在我们因无法达到某种完美而痛苦不堪，甚至莫名其妙地背负上巨大的压力。对于演讲者而言，演讲过程中存在众多不确定因素，甚至有人说：“演讲是‘靠天吃饭’！”当然，这句话并不严谨，但是这句话也提醒演讲者精心准备即可。

完美主义者是痛苦的、消极的，他们害怕失败，一旦被失败打倒，他们就会彻底对自己失望，变得不再相信自己。前面我们讲到“自信”二字，自信对于一名演讲者是非常重要的。完美主义者遇到挫折时不相信自己，否定自己，认为自己的能力无法让自己变得更好。因此，完美主义者的结局是，逐渐远离自信，让自卑重新回到自己身上。

对于演讲者而言，舞台上出现失误实在太正常不过，不要为了一点点的瑕疵而懊恼，更不要提前设定完美的形象。摆脱完美主义的困扰，正确认识“完美”二字，不要成为完美主义的傀儡，否则就会深受完美主义的摧残而痛苦不堪。

回到开篇时提到的“尽善尽美”这个词，这个词主要体现在“尽”这个字上。所谓“尽”，是要对自己有一定的要求，而不是一定要达到某个完美结果。换言之，只要我尽心尽力了，结果如何，我都接受。

坚定舞台信念

苏联教育学家苏霍姆林斯基说过一句话："人类的精神与动物的本能区别在于，我们在繁衍后代的同时，在下一代身上留下自己的美、理想和对于崇高而美好的事物的信念。"什么是信念？信念就是坚定不移的想法，是情感、意识、认知的有机统一。拥有信念的人，就能坚持到最后；没有信念的人，则难以在自己的生活中碰撞出精彩的浪花。

陈伟是一名非常优秀的讲师。最初，他也是机缘巧合才进入讲师这个行业的。他说："我是学国际金融专业的，与现在的讲师角色有些格格不入。有一次我所在公司安排了一场讲师讲课，与一位优秀的讲师有过深入的交流后，便爱上了这个职业。后来，我参加了公司举办的演讲比赛，并在演讲比赛中拿到第三名。我的恩人，也就是那位优秀的讲师，他告诉我：'你完全可以做讲师，站在讲台上，让自己绽放光彩。'"

为了成为一名讲师，他考取了讲师资格证书，并希望得到更多讲课机会。有一年，陈伟所在的公司举办企业内训，而企业内训师恰恰因家庭原因请假。正因如此，陈伟得到了一次讲课机会。他向公司老板毛遂自荐："希望得到公司的内训机会，绝不会给公司丢人！"老板同意了之后，陈伟便开始积极备课，最终形成了符合公司内训的课程。

俗话说："有志者，事竟成。"成功是留给有准备之人的，陈伟的第一堂课就取得了成功。参加内训的学员纷纷给出极高的评价，学员的称赞也给了陈伟莫大的鼓励。取得了"开门红"的陈伟，迎来了人生的华丽转身，公司聘任陈伟担任公司内训师，担负起企业人才建设的重任。几年之后，陈伟离开了公司，自己组建培训师团队。他说："我热爱讲台，愿意为讲台付出生命里最宝贵的东西。"陈伟的成功体现了一句话：拥有超强意志者，往往才能走到人生巅峰。

信念也是目标，有人生目标的人才能实现目标。这句话听上去非常"鸡汤"，却是事实真相。正如大作家托尔斯泰所言："要有生活目标，一辈子的目标，一段时期的目标，一个阶段的目标，一年的目标，一个月的目标，一个星期的目标，一天的目标，一个小时的目标，一分钟的目标。"人生由无数目标组成，当你完成了一分钟的目标，就会向着一小时的目标迈进。演讲也是如此，演讲是一个从陌生到熟悉的过程，也是一个从业余到专业的过程。我身边也有无数优秀的讲师，他们的人生之路践行了"信念就是人生目标"这句话。一个人想要取得成功，就要坚信自己能够做到。

有一个叫胡璇的女孩，口才一般，形象气质也一般。但是，她非常热爱讲台。为了能够得到登台演出的机会，她报名参加学习班，锻炼自己的口才。虽然口才需要一定的天赋，但是相比较天赋，后天的努力更重要。胡璇的口才就是通过大量的练习一点一点锻炼出来的。

有人说："口才可以锻炼，形象和气质却无法改变！"其实，这样的说法是不对的。如果一个人想要登台演出，就会全面地提升自己，其中也包括舞台形象、个人气质等。靠着一种超强的意志支撑着的胡璇，她的身体、形象仿佛也在发生变化。经过锤炼，她的整体形象有了非常大的改变。用专业术语来说，她台风扎实，步态自然大方，舞台气场十足。

如今，胡璇不仅是一名优秀的讲师，而且致力于口才演讲事业的推广，引导许多天赋一般的年轻人走上了自己喜欢的岗位。换言之，成功者并不属于天赋型选手，而是属于那些意志强大且乐于付出的人。

俄国作家柯罗连科认为："信念是储备品，行路人在破晓时带着它登程，但愿他在日暮以前足够使用。"坚守信念的人，才能为理想而活。还有一位哲人说："使人站起来的不是双脚，而是理想、智慧、意志和创造力。"

在演讲事业的道路上，有太多成功的案例告诉大家，好口才一定属于那些积极向上、热爱演讲与口才、有理想、有梦想的年轻人，他们愿意在自己的理想道路上付出一切，挥洒汗水，孜孜以求。拥有强烈意志的演讲者才能最终站在讲台上，才能完成一次又一次精彩的演讲。

第六章　演讲流程具体解析

吸引人的开场白

演讲的开场白非常重要。如果开场白不吸引人，也就无法引起听众的兴趣。有一位酷爱演讲的听众说："我喜欢的演说家通常都有非常抓眼球的'开场'，能够给人一种耳目一新的感觉。"有一位演说家说："开场就意味着把你自己介绍给听众，听众是否接受你，需要你在一分钟之内给听众一个'交代'。"总之，吸引人的开场白总能打动听众，或者引起听众的兴趣；平庸或者糟糕的开场白无法引起听众的兴趣，而这样的演讲也注定是一场失败的演讲。

如何才能让自己的开场白更加惊艳、吸引人呢？喜欢演讲的朋友们都特别关注这一点。开场白是演讲的开头部分，它留给演讲者的时间并不多。如果设定一场演讲的时间为 5 分钟，演讲者则需要在 30 秒内完成开场白。因此，开场白是演讲中极具挑战的部分。常见的吸引人的开场白有以下几种：

一、故事开场

在我的记忆中，有一些非常有名的讲师或者演说家喜欢用故事开场。一个精彩的小故事，可能只是几句话，却可以打开听众的耳朵，吸引听众的目光。这些故事，可能是真实发生的，也可能是荒诞离奇的。还有一些故事具有悬疑色彩，听众听了开头，就想听结尾。但是那些以悬疑故事开场的演说家非常聪明，他们会将故事层层铺设进自己的演讲主题内容里，用一种抽丝剥茧式的办法一点一点吸引着听众，直到整个演讲结束。以故事开场的演讲者非常聪明，因为许多听众都爱听故事。事实上，演讲本身也具有一种故事性。但是，开场的故事不宜太长，要尽可能简短、精彩。

二、热点开场

什么是热点？热点就是最近发生的新闻，或者引发人们关注的事件。2020 年最大的热点事件是新冠肺炎疫情，新冠肺炎疫情改变了人们的生活，甚至改变了很多人的人生态度。如果此时的演讲以新冠肺炎疫情开场，就能吸引许多人的关注。人们关注热点，热点引发热议。如果演讲者将演讲主题与新闻热点相结合，或许能产生巨大的关注度。那些聪明的演讲者，总能从热点中挖掘出听众感兴趣的东西，然后将其形成开场白，简单的几句话就能达到吸引听众的目的。热点开场也是常见的开场方式之一，演讲者们可以尝试并挖掘热点背后的宝贵资源。

三、数据开场

我们生活在数据时代，人们的生活早已经被数据化了，你的出行、消费都是可以数据化的。虽然人们对各种数据可能已经麻木，但是一些出乎意料的数据依然令人感兴趣。有一名演讲者的演讲主题与环保相关，他开场提出了一组数据，这组数据是环境污染给人们造成的伤害。听众听到这组数据之后，马上关注起演讲者的演讲。由此可见，一些和我们的生活息息相关的确切数据也会引起人们的关注。关注演讲者，等同于关注演讲者演讲的主题内容。

四、提问开场

除了前面三种常见开场方式外，提问开场也是较为常见的方式。演讲者借助提出的问题引起听众的关注，让听众参与演讲环节中。以提问方式开场的目的是引起互动，让演讲者与听众建立起情感纽带。有一位演说家经常使用提问方式开场，让听众回答问题。虽然不同的听众会给出不同的答案，但更重要的是，听众更想知道演说家的答案。因此，提问开场的方式对演说家来讲非常奏效，不仅能够建立台上与台下的情感关系，而且能激发听众的参与度和好奇心。

五、自我介绍开场

有人好奇地问："难道自我介绍也会引起听众的关注吗？"如果你是采取一种常规的自我介绍方式：我叫某某，年龄多大，来自哪里，现在从事什么工作……我想，这样的自我介绍是无法引起听众兴趣的。但是，总有一些聪明的演讲者会精心设计自我介绍，比如用一种幽默的、自嘲的方式介绍自己来吸引听众的注意力。有一位演讲者在自我介绍时，经常加入一些非常风趣的动作和段子，他的听众时常会哄堂大笑。

开场白的方式还有很多，因篇幅问题不再一一介绍。出色的、有趣的开场白既决定了演讲的方向，也决定着听众是否真正参与了这场演讲。演讲的前一分钟决定着演讲后的十分钟！可见，开场白是多么重要。

演讲内容有悬念

曾经有位资深的演讲者说："想要让自己的演讲被听众关注，还需要制造悬念。"前面我们讲道，有一些演说家在"开门见山"处就会制造悬念，来吸引听众的关注，激发听众的好奇心，让听众听下去。当然，这仅仅只是开场白，想让整场演讲圆满成功，这样还不够！如果我们的演讲主题内容是悬念丛生、跌宕起伏的，会不会更加吸引人呢？答案是肯定的。在生活中，总有这样的故事高手潜藏在我们的身边，这些故事高手可能来自讲台或者舞台，他们为听众奉献了一个又一个好听的、富有悬念的演讲或故事。

孙琦是一名资深讲师，他也是一个"故事大王"。他的课与其他人的课有点不同，他特别爱讲故事，并且能够把故事悬念融入整堂课中。他说："每一堂课，都需要一个有悬念的好故事承载，学员们听的是故事，并从故事中学到应该掌握到的知识点。"故事只是演讲内容的载体，载体只是为了让学员们感兴趣。

孙琦的课是这样的，他特别喜欢在演讲内容里设置悬念，而悬念相当于一扇门。但是这扇门并不是由他来推开，而是由听众推开的。其实，设置悬念等同于设置一种心理活动，让听众能主动关注并求解。孙琦说：

“设置悬念的做法，每个人都不同。有些人直接把演讲变成一堂‘悬疑故事会’；还有一些人则是在演讲正文里设置几处悬念，并不是一口气讲明白、讲彻底，而是留点悬念放在下一分钟里，这种做法非常高级，需要演讲者在正文内容里设置悬念‘机关’，然后等待听众去触碰这些机关。”

现实中，像孙琦这样的演讲者有很多。设置悬念的演讲方式有一个共同的特点：卖关子。

有一个叫任士奎的演讲者，他有一篇演讲的题目叫《让爱永驻人间》，他的演讲内容是这样的：“世界上有这么一种东西：它能使你在浩瀚无垠的戈壁沙漠中看见希望的绿洲；它能使你在千年不化的冰山雪岭中领略温暖的春意；它能使你在雾海苍茫的人生旅途中拨正偏离的航向；它能使你在荒凉凄冷的孤寂心里收获快乐的果实……它是无形的，却有着巨大而有形的力量；它是无声的，却鸣着神奇如春雷一般的回响！也许有人会问：是什么这么伟大？这么神奇？我要说，它就是爱，是人类对美好生活、对自己同胞的真诚的爱心！”

这段内容的开头部分，演讲者提到“世界上有这么一种东西”，他强调的是一种“东西”，但没有直接把这个“东西”具体化，而是让听众去猜测。到底是什么东西能使“你在千年不化的冰山雪岭中领略温暖的春意”，还能“使你在雾海苍茫的人生旅途中拨正偏离的航向”，甚至能“使你在荒凉凄冷的孤寂心里收获快乐的果实”，这种“无形”却蕴含着巨大能量的东西到底是什么呢？这部分，都是演讲者在卖关子，让听众去猜测。当听众狐疑的时候，演讲者才给出自己的答案，即“它就是爱，是人类对美好生活、对自己同胞的真诚的爱心！”这位演讲者的卖关子是十分成功的。

我的一位朋友，也是一名资深的讲师，他经常说这样一句话：“会卖关子的演说家，才是真正懂得演讲精髓的演说家。”

卖关子并不是欺骗，而是为了吸引更多人的兴趣。通常来讲，演讲只有短短几分钟，想要在几分钟内创造奇迹几乎是不可能的。卖关子是一种演讲的技巧，是优秀的演讲者必须掌握的一种技能。卖关子无伤大雅，即使你使用了卖关子的技巧，听众也不会因此讨厌你。

除了卖关子之外，还有一些控场特别厉害的演说家会利用停顿等方式制造悬念。有一位演说家经常这样“玩”，他常常在演讲中突然停顿，仿佛卡壳一般。此时，听众会有这样的反应：“演说家怎么了？怎么突然不讲了？”这位聪明的演说家恰恰通过这样的方式引起听众的好奇心，对于为什么突然停止他给出的理由有两个：

一是，突然停止，可以让听众自己去思考，思考所讲内容，是否有值得思考的地方？是否需要自己去寻找答案？

二是，突然停止，可以调节演讲现场的气氛，突然的停止，让原本紧张的演讲气氛变得更加紧张、更加神秘，让一件普通事变得不普通，从而使听众更加关注演讲本身。

因此，这种突然停顿的方式为演讲内容陡然增加了一丝悬疑气氛，让听众更愿意去听。人人都有好奇心，设置悬念就是为了勾起听众的好奇心，让听众跟着演讲者设置的悬念一步一步地进行下去，让听众对演讲本身更加感兴趣。

融入演讲的场景

场景就是演讲者所处的演讲环境，演讲的场景不仅包括讲台、听众席，还包括诸多配合演讲场景的气氛烘托设施。演讲的主题、演讲者要与演讲场景相得益彰。

互联网时代，许多演讲者直接参与演讲场景的布置与设计。有一个演讲者，他在每一场演讲前都要参与现场场景的设计，其中包括场景背景的设计、听众席座席数量的设计等。他说："演讲的主题内容，必须要与独特的场景背景设计相符，其目的在于，让听众一眼就能看懂我演讲的主题内容是什么。听众席与演讲舞台的距离，也能诠释演讲者与听众的距离。"

有人问："演讲者与听众存在距离吗？难道不是要保持'零距离'吗？"事实上，演讲者与听众的距离决不能是"零距离"，二者之间要适当保持一定的距离。保持适当距离的目的是提升听众的视听效果，绝非演讲者故意为之。

除了现场场景的设置外，演讲者更要用语言、动作等设计演讲场景。这种场景并非真实存在的场景，而是一种人为设计的虚拟场景，有点类似于讲故事。

有一个演讲者，他叫李涛。他演讲的故事叫《人间冷暖》。他设计的故事场景是这样的：在我少年时期，大概初中二年级。那年夏天，雨水特别多。有一次下大暴雨，整条街道都淹了，学校的操场也变成了“湖面”。我的父亲说：“家里进水了，我们要赶紧离开这个地方，去高处！”是啊，在那种非常急迫而紧张的环境下，我、父亲、母亲、我的妹妹一起离开了家。我的父亲只拿了身份证和银行存折，其他什么东西也没有拿……在往高处转移的过程中，我们还遇到所谓的“村霸”，他很热情地将我们接到了船上。是啊，灾难面前，可能“坏人”也会变得“善良”……

对于听众而言，他们又会在《人间冷暖》的故事中体验到什么呢？

除此之外，还有演讲者会直接给出一个场景。

演讲者孙静演讲的题目是《朋友》，她设计的场景是这样的：“有这样一个场景，现在您与您的朋友正在吃饭，您突然接到了一个电话，这个电话非常重要，打来电话的人要求您马上离席，您该怎么办？”当孙静提供并设计出这样的场景后，台下的许多听众开始议论纷纷。这意味着，孙静设计的场景开始奏效了。因此，听众们开始关注孙静设计的场景，而这个场景结合着提出的问题。于是她继续讲道：“尤其在自己的朋友面前，我们是否可以这样做？首先，我必须要接听电话，电话对我而言是非常重要的；其次，我必须要将我接电话的原因告诉朋友，朋友必须要有知情权。于是，我是这样对朋友说的：‘诸位朋友，实在不好意思！我现在有一个非常重要的电话要去接，可能需要离开一会儿，请大家见谅。等处理完这件事，我马上就会赶回来！’”

这个答案看似普通，却蕴涵着一些朋友之间的真诚密码。所谓朋友，就是要真诚，要相互体谅，要相互告知。当然，或许还有更好的答案，演讲者孙静在演讲的末尾，留出足够的时间给听众，让听众回答“什么是朋友”这个问题。这个提问，既符合演讲者孙静设计的故事场景，而且被孙静充分利用，将故事场景扩大、延伸，将听众拉进自己设计的场景里。

演讲的场景要有清晰的画面感，画面感给听众以具体的想象空间，有利于听众进入这样的画面，并一直跟着演讲者给出的线索和情节走下去。演讲场景要有感情色彩，不能是冷冰冰的，要给听众一种温度。如果演讲场景没有温度，像一间没有颜色的冰室，听众也会大失所望。另外，演讲的场景还要有层次感，以便演讲的故事内容层层推进，用这样的方式打动听众，让听众对演讲的故事内容感兴趣。如果演讲者设计的演讲场景具有强烈的画面感、层次感和感情色彩，就会引起听众的兴趣，听众也会很享受演讲者的演讲。

挖掘听众好奇心

演讲活动是一个双向交流的活动，它由两部分构成，一部分是演讲者的演讲，另一部分是听众的聆听，两部分缺一不可。有人问："如果听众对演讲者的演讲内容不感兴趣怎么办？"这是一个非常大的问题，如果演讲者的演讲无法引起听众的好奇心，演讲者的演讲就是失败的。一个成功的演讲，必须要有听众积极配合。可是这又会产生第二个问题——演讲者难道只能按照听众的需求去演讲?

其实不然！演讲者按照自己的思想观点、按照自己预先设定的顺序演讲即可，只不过他需要结合听众，并且想办法寻找听众的好奇心，但这并不等同于迎合听众，而是把听众当成自己演讲中重要的一部分。听众是演讲者的衣食父母，假如衣食父母不捧场，演讲者的演讲就会变成一场独角戏。挖掘听众的好奇心，将群众的好奇心转化成演讲内容，这是演讲者应该而且必须要做到的事情。如何才能挖掘听众的好奇心呢?

演讲者周丽非常用心，她经常与自己的听众进行交流，并向听众提问。有一次，一位听众给周丽打电话，电话中说："现在，人们生活压力挺大的，回到家之后就会选择安静休息。因此，我们需要一点轻松、幽默的环境，不想再被严肃的故事所打扰。”周丽接受听众的建议，她唯一要做的事情就是，让自己的演讲诙谐、幽默。

有一次，她演讲的题目是《家》。这是一个非常容易发挥却又极其容易陷入怪圈的话题。演讲中，周丽把家庭中许多不为人知的趣事搬出来，她讲道：“记得有一年，我的父亲给我的母亲买了一个结婚十周年的礼物，一支派克钢笔。那一年我才8岁，尚不懂事。那个礼物我非常喜欢，于是我偷偷藏了起来。最后，我可爱的父亲，只能又买了一支送给母亲。后来有一天，父亲发现了我的秘密，便问我原因。我告诉他：‘女儿是爸爸前世的情人！你送妈妈礼物，竟然不送给自己前世的情人？这不公平！’听了我的话，父亲哈哈大笑，然后点点头说：‘有道理，有道理！’”这是一个风趣幽默的故事，也讲出了《家》的秘密。家是什么？不就是那个最温暖、最安全的地方吗？听完周丽的故事，场下听众为她送来了热烈的鼓掌。她准确找到了听众的好奇点，唤醒了听众的聆听状态。

周丽说：“听众想要听什么取决于演讲者给他们讲什么，更取决于演讲者如何将听众喜欢听的东西讲给听众！”周丽经常与听众进行线下交流，希望听众给予她宝贵的意见。如今，她养成的诙谐、幽默的演讲风格，就是在听众的“要求”之下形成的。幽默的演讲，加上轻松的段子，让她的演讲深受听众好评。如今，周丽已经是一名业内非常有名气的讲师，她的课总能吸引许多学员报名。

有一些演讲高手特别会设置悬念，用悬念剧情引发听众的好奇心。还有一些演讲者引用一些著名人物的言论，以此吸引听众。有演讲者曾经引用前休斯敦火箭队主帅小范甘迪的话去评价姚明："人们总是忘记他有多么优秀，因为姚明在过去几年里因为伤病总是缺阵，这个家伙是他那个时代最好的中锋。姚明具有那些隐性特质——他的风度、幽默、谦逊、风趣、无私，他每天都背负着巨大的压力不断前行。"演讲者引用这段话的目的是什么呢？对于篮球爱好者而言，他们似乎更加关注姚明是怎样的一名篮球球员。是一名普通的篮球明星？还是一名篮球巨星？或是一名曾经被伤痛折磨而没有达到人生巅峰的球员？因此，著名篮球教练小范甘迪的这句话具有一语双关的特点，也吸引着听众进入演讲者的演讲内容中，认真聆听演讲者是如何评价姚明的。

还有一些讲师会反其道而行，甚至采用倒叙的手法进行演讲。有一个非常有名的演说家，他的演讲深邃、悠远。但是细心的听众都会发现，这位演说家是一名道具使用者。他的每一场演讲，都会带着一个道具。有一次演讲时，他从口袋里掏出一只红色的小丑鼻子，然后问现场听众："大家知道它是什么吗？"有些人猜中了，有些人没有猜中。于是他做出一个动作，将小丑鼻子戴到自己的鼻子上，露出一丝滑稽的笑容，然后指着其中一位猜中的听众说："您，猜对了！小丑的鼻子！"简简单单的一个道具，引燃现场。可以说，这位演说家借助道具，引起了听众的好奇心。

挖掘听众好奇心的方法非常多，演讲者需要与听众多交流，更要从现实生活中多挖掘新鲜素材，充实自己的演讲，让自己的演讲富有人情味和层次感。

强大的控场能力

我们常常为某位主持人的强大控场表现而赞叹不已，许多热爱主持、演讲舞台的人，都希望自己也能拥有强大的控场能力。控场，从字面分析，就是强大的控制现场的能力，控即控制，场即现场。控场体现的是一种能力，更是一种自信和演讲者对舞台的熟知程度。当然，控场也有一定的技巧。如果一名演讲者掌握了控场技巧，也就能借助某些技巧实现控场。

有位著名演员曾说："有一种触动人心的力量！分享或主持都是。主持不是念词背词用技巧套话，它需要在台上对嘉宾对观众真听、真看、真感受，用心去暖场而不是用技术去控场，这才是大家所需要的。"这番话十分有水平，既提到了控场技术的问题，也提到了如何根据现场气氛的变化进行调整，如何用暖场的方式代替技术性控场。当然，对于那些演讲经验丰富的人而言，触动人心的演讲就能控场。

王聪是一名讲师，酷爱舞台，也喜欢演讲。他经常参加各类演讲比赛，对演讲舞台十分熟悉。他说："演讲舞台就像我的家，当我回到这里，如同回到了家；台下的听众就是我的亲人，站在舞台中央进行演讲，如同与他们聊天讲话。"王聪有一个撒手锏，他的演讲充满了温情，仿佛与听众之间建立了一种亲情关系。他的演讲语速不快，却极具感召力。有一次，他演讲的题目叫《亲情》。

演讲中，他用诗意的语言娓娓道来："温暖的东西一直都存在，它就像一床棉被盖在我们身上。母亲的眼神是温暖的，每一次她看我的时候，我就会想起'烛光里的妈妈'这句话，因为，每一个母亲都是伟大的。她曾经为了拉扯大我们兄弟二人付出了一切，甚至是伤痕累累的。我的父亲，他是一个老实得不能再老实的人，他从来没有对我发过脾气。他对我只有一句话：'我老了，在外照顾好自己！'这就是亲情。"许多听众听到这里就开始感动。当然，这仅仅只是第一颗"催泪弹"，后面还有"大招"。

王聪的演讲没有任何辩论色彩，他就是讲自己的故事。这些故事并不是那些稀奇古怪的，而是普普通通的、几乎会发生在每个家庭里的小故事，只是许多人平时并不在意。王聪在某个特定时候，将这些平日人们忽略甚至遗忘的故事细节串联起来，就起到了暖场效果。听众听完王聪的演讲之后，总会感慨："确实很感人，回到家之后，我也要做一名好儿子、好父亲、好丈夫！"

这些演讲界里的"高手"之所以能够把控全场，他们做到了以下几件事。在我看来，这几件事就是控场的核心所在。

一、泰然自若

所谓泰然自若，就是舞台表现自然大方、淡定有余，完全不会被现场气氛影响。演讲者所要做的只有一点，用一种泰然自若的表现压倒一切，掌控一切，与台下的听众打成一片。泰然自若，是一种自信的体现。就像一名演说家所讲："舞台上的我，就是一颗耀眼的星。"这样的自信，怎么可能被舞台上的一切压力所打倒呢？成功的演讲是，演讲者的舞台表现无比自信，游刃有余，无论是演讲的节奏，还是演讲的气息，都尽在他的掌握之中。如果一名演讲者能够做到泰然自若，也就能掌控全场。

二、真诚

演讲也要真诚，只有技巧和口才是不够的。真诚是什么？就像一名雕塑家站在一枚石头面前，亲手触摸它，感受它，熟悉它，让它接受他，让它变成他的朋友，让它与他之间形成某种联系，此时，雕刻家才能将石头变成一个出类拔萃的作品。真诚就是雕刻家把石头当成自己的一部分，而非一枚普通的原材料。同样，演讲者也不能把听众当成石头，要把听众当成自己的朋友、亲人，用一种真诚的态度去接近听众，对听众真听、真看、真感受。只有这样，演讲者才能实现控场。

三、解决问题

舞台上，经常会发生一些不可思议的事情。如果你讲错了该怎么办？讲错了不要紧，及时纠错就好。但如果遭遇听众挑衅该怎么办？首先要淡定、冷静，从容应对，然后用"现场灭火器"解决问题。如果冷场了怎么办？那就想办法救场、暖场。总之，控场的技巧体现在如何解决复杂问题上。问题解决了，控场的技巧也就学会了。

总之，控场对每一名演讲者来说都是巨大的考验。但是，如果我们遇到问题能够泰然处之，对待听众能够真心诚意，并且掌握一定的“现场灭火器”的使用办法，就能实现控场。

完美收尾不遗憾

一个好故事一定要有好的结尾，一台演出也需要完美收官。我们常说："结尾很重要！"写作文时，如果我们能在作文的最后圆满地画上句号，也就不会留下遗憾。同理，许多演讲者也都非常重视对结尾的处理，无论是致谢听众，还是将故事讲完，都要给自己一个交代。

徐明明酷爱演讲。有一次，她参加了市委宣传部组织的"社会主义核心价值观"的演讲。本次演讲是限时比赛，赛事举办方要求演讲者在6分钟内完成自己的演讲。换言之，如果6分钟内不能收尾，将会影响自己的比赛分数。

徐明明为了这次比赛，精心备战。她反复练习、排练，几乎每一次排练都能将演讲内容控制在6分钟以内。她说："限时演讲的最大难度在于控制时间，而且要把时间分配好，开场30秒，正文部分5分钟，收尾30秒。只有严格控制好时间，才能让听众满意。"比赛开始之后，许多演讲新人都没有很好地掌控时间，有的演讲者眼看时间即将结束便草草收尾，给听众一种虎头蛇尾的感觉；有的演讲者虽然把时间控制得恰到好处，但开场、正文、收尾的时间比例不合理，给听众一种分配不均之感。

徐明明的演讲对时间把控得十分到位，而且在时间分配方面也十分合理，结尾与开场完美地进行了呼应，并且没有挤占正文内容时间。演讲结束之后，她感到十分满意。她说："无论结果如何，我做到了我该做到的！"最后，徐明明获得了第三名，虽然因为某些细节方面的问题与冠军擦肩而过，但她做到了完美收场，面对这样的成绩，她没有任何遗憾。

很多时候，演讲者只注重开头，不注重结尾。曾经有一位年轻讲师问我："一名讲师的责任就是讲完课，然后收拾东西离开讲台。既然如此，为什么我们还要把精力花费在收尾部分呢？"我想，这是一个比较难以回答的问题。之所以难以回答，是我们看待和认识演讲、看待和认识讲台的角度不同。

在我看来，演讲是一项伟大的表演，是神圣的，具有仪式感。因此，我对自己提出了严格的要求——将这场伟大的表演更加艺术化和仪式化。当演讲者把自己当成一名艺术表演家，并且致力于舞台演出时，就需要考虑自己作品的完整性。完整与完美一字之差，虽然绝对的完美是不存在的，但我们可以尽可能做到完美，最起码做到完整。首尾呼应是一方面，另一方面就是演讲的结尾同样具有较大的功能作用。

一位资深讲师说过："每一次讲课，我都会在下课之前向广大学员致谢，没有他们的参与，也就无法成全我的课堂。"这位资深讲师补充道："向他们致谢，还有一个原因，我希望他们能继续听我的课，并且对我的课感兴趣！"说白了，这位资深讲师的致谢一来是为了表达感谢，二来是为了给学员留下更好的个人印象。对于演讲者也是如此，演讲事业可能伴随终生。有些演讲者能够慢慢成长为演说家，并收获无数粉丝，这类演讲者一定是非常在意收尾的人，他们在收尾处提升了自己的舞台形象，斩获无数“粉丝”。

许多演讲者都是完美主义者（不是病态的完美主义者），他们希望自己的演讲作品更圆满，如同一名雕刻家雕刻完一件作品后，会在作品上留下自己的落款。从事小说创作的小说家们也是如此，如果一直无法收尾，这样的小说作品是失败的。因此，演讲者一定要做好收尾工作，无论是出于某种仪式感或者某个功能，这都是一种艺术处理的必然方式。完美收尾，才能给一个故事画上圆满的句号，才能为听众提供一个更加完整的艺术作品，才能尊重听众和舞台，才能给自己一个交代。

第七章 演讲的三个境界

讲得出

人生有三种境界，演讲也有三种境界，即讲得出、讲得好、讲得妙。讲得出是演讲的第一境界，也是首要任务。如果一名演讲者讲不出，也就无法体现演讲的特点。演讲，是演与讲的结合。首先，演讲者是一名演员，站在舞台中央就是一名主角；其次，演讲者要以演员的身份去讲。讲什么呢？讲与主题相关的内容。任何内容的主题，都需要演讲者讲出来才行，因此“讲”这个行为很重要。

有一个年轻人，他非常喜欢演讲。演讲，就是一门“讲”的艺术，因此他非常重视关于“讲”的方面能力的培养。

但是，这个年轻人有些羞涩，甚至患有“登台紧张症”。他的第一次演讲就以失败告终。演讲比赛结束之后，评委找到他，并且鼓励他：“你挺有天赋的，就是太紧张了，紧张了，讲话就容易‘打结’，节奏就会出问题。”得到评委的指点，年轻人开始锻炼自己的“胆量”，用“参加比赛”的形式逐渐克服了自己的问题。

年轻人觉得自己的“心态”摆正了，但是演讲的“气息”和“节奏”还不是特别好。曾经有一位演讲方面的教练提醒年轻人：“如果你的演讲富有节奏感，就像朗诵诗歌般，能给听众带来极致的享受。”为了解决这个问题，他大量地听，大量的练习……甚至参加了诗歌朗诵班来培养自己的讲话语感和讲话节奏。经过半年多的努力，他终于解决了这个问题。

如今，这个年轻人已经是某座城市家喻户晓的演说家，经常在国内的演讲赛事上获奖。

讲得出并不是一件非常难的事情，只要你提前做好准备并解决自己的心理问题，做好以下几点，就可以实现“讲得出”的目标。

一、保持良好的心态

前面我们多次提到“心态”二字。有些演讲者心态不稳定，心态好的时候讲得好，心态不好的时候就容易讲“崩”。演讲者上台之前，要调整自己的心态，积极一点，阳光一点，不要被紧张和害怕打倒。许多年轻人因紧张而无法顺利“讲得出”，甚至连牙关都在颤抖。心态调整好了，演讲就会变成一件轻松的事情。

二、多积累

一名演讲者，一定要掌握丰富的知识。有一位资深讲师说：“知识积累越多，越容易讲得出。”演讲者虽然不需要学富五车，但至少需要掌握足够大的知识量来帮助自己演讲，并且让自己讲出来的东西具有一定的说服力。讲得出，就是要讲得出东西，讲得出内容，没有知识，你讲什么？

三、多练习

演讲是一门熟能生巧的艺术。勤加练习，可以提升自己的演讲基本功和熟练程度。当你的基本功越来越扎实，熟练程度越来越好，演讲的能力也就得到了提升。到了这样的阶段，演讲者不仅可以讲得出，甚至可以讲得好。

四、提升逻辑能力

演讲者讲出的内容必须要有逻辑性，没有逻辑的演讲让听众如坠云雾中，因此，演讲者必须不断提升自己的逻辑水平，锻炼自己的逻辑能力，并且在演讲中体现这种逻辑性，才能真正讲得出。

讲得出是演讲的第一境界，也是基本功。对于初学者而言，解决了讲得出的问题，也就能踏上演讲的舞台。

讲得好

讲得出是演讲的第一境界，演讲的第二境界是讲得好。演讲者需要具备足够的素质才能讲得好、讲得棒。什么是“讲得好”呢？好的标准都有哪些呢？

“好”与“坏”是仁者见仁、智者见智的，没有一个统一的标准。在我看来，演讲者的演讲能够感染听众、打动听众，让听众主动为你鼓掌，这样的演讲就是好的。如果简单进行总结，讲得好的“好”，大概有以下几个标准。

一、逻辑性强

一篇优质的演讲稿，一定是逻辑缜密的。如果出现了逻辑问题，演讲就是无效的。第一章节我们提到了逻辑问题，如果想让自己的演讲稿更加严谨，就需要提升逻辑性。逻辑是一种理性的东西，它能够让演讲内容更加严谨，在提升演讲者的形象的同时，还可以帮助演讲者提升演讲内容的层次性，借助逻辑的力量去推动演讲故事的剧情，给听众一个清晰的思路，便于让听众听得懂。如果演讲的逻辑存在问题，听众听不懂，这样的演讲就会非常糟糕。就像一位听众所说：“我们是来听演讲的，不是来听天书的！”存在逻辑问题的演讲，就会给听众一种“听天书”的感觉。故此，演讲者要不断提升演讲内容的逻辑性，这样才能提升演讲者的演讲质量和演讲水平，体现出“好”这个字。

二、感人

感人也是“讲得好”的一个方面，演讲如何感人？感人贵在真实。通常来讲，演讲的素材取自生活，会生活的人，也就有取之不尽的演讲素材。对于听众而言，对演讲内容的真实性需要一种感性判断，但是这种判断总体不会出错。如果一个演讲者讲得天花乱坠，但总是与现实生活格格不入，听众自然会对演讲内容的真实性产生疑问；如果演讲者的内容是真实的，并且是生活中常见的，或者是能触及听众情感的，这样的演讲内容能传递出热切的情感，也就能引发听众共鸣。当然，演讲者要适度控制这种情感，没有得到控制的情感，就会变成情绪；恰到好处的情感，就会产生充分的“化学作用”，感动听众，让听众有所反馈。

三、诙谐幽默

“幽默”二字也是演讲者经常提到的元素。有人问：“难道一次演讲，需要同时涵盖诙谐幽默和感人两大元素吗？难道不会发生冲突吗？”如果你的演讲内容是诙谐幽默的，而诙谐幽默也可以感染人、打动人，仅此一个元素也可以让演讲者的演讲具备较好的水准。演讲的主题多种多样，有的主题需要“催泪弹”，有的主题需要诙谐幽默。许多企业讲师的讲课风格就是诙谐幽默的，一个原本晦涩、难懂的概念，经过演讲者的描述，变得通俗易懂，还非常有趣。这种趣味性的演讲，同样能达到好的效果。只不过，想要让自己的演讲诙谐幽默，需要演讲者付出极大的心血，提升自己的知识面；还要让自己的演讲张弛有度，富有感染力，这样才能体现出幽默。

四、有说服力

讲得好，好在哪儿？经常有朋友这样问。但是有许多朋友都说，讲得好，要有足够的说服力。许多演讲者感人有余，或者幽默有余，却没有足够的说服力。如果演讲者的演讲无法说服听众，这样的演讲也就不具备好的特点。好的演讲，一定是具有说服力的演讲。如何才能提升说服力呢？提高说服力的方式有以下几种：

第一种，用事实说话。

许多演讲者在演讲过程中，引入权威数据，而权威数据就是一种证据和事实，任何听众都无法改变。借助事实和数据去说话，演讲者的演讲就具备一定的说服力。

第二种，动之以情，晓之以理。

俗话说："要以德服人！"所谓以德服人，并不是向听众强行灌输道理，而是动之以情、晓之以理，慢慢说服，让听众逐渐地、适度地接受演讲者的观点和看法。

第三种，步步为营式的说服。

所谓步步为营，就是制定说服的策略，将整个演讲内容划分成几个部分，每一个部分都要有一个"扣子"。如果听众对"扣子"感兴趣，就会主动去解开它，并跟随演讲者的演讲进入第二部分，逐层深入。步步为营式的说服，要求演讲者具备一种强大的控场能力，确保听众能一直听下去，并坚持"解扣"到演讲结束。当听众把所有的"扣子"解完，也就接受演讲者的看法，这样的演讲就实现说服听众的目标。

演讲者的演讲，能够做到逻辑性强、感染力强、诙谐幽默和说服力强，其演讲就可以称为好。当然，好的标准不一，只要演讲者的演讲给听众带来舒适感，他的演讲也就是好的、成功的。

讲得妙

有一个成语叫“妙不可言”，如果演讲者的演讲是“妙不可言”的，也就达到了演讲的第三境界：讲得妙。

记得几年前，我听过一次演讲，演讲者是一名大学教授，他的演讲内容与《道德经》相关。《道德经》本来就是一本蕴含大智慧的书，有大智慧的人才能讲得出、讲得好书里内容。这位大学教授学富五车，一开口就击中了演讲的核心内容，并且用一套自己的方式向听众解读《道德经》，实在妙不可言。演讲结束之后，有学生向演讲者提出问题，这位大学教授解答如流，所有在场的听众都竖起大拇指表示称赞。这位大家教授的演讲，有这样几个特点：

一、内容绝对严谨

作为一名大学教授，他的演讲风趣幽默，却不失严谨。他所讲的每一个典故，都有真实可查的出处，演讲中，他开玩笑道：“不信你们查！”这体现了一位大学教授的自信。正因如此，他的演讲没有争议，听众也找不出毛病。内容绝对严谨，是“讲得妙”的基础所在。如果内容不严谨，总能被听众挑出毛病，这样的演讲不仅不会让听众觉得妙，反而会让演讲者尴尬不已。

二、引经据典多

这位大学教授演讲过程中，引用了大量经典书籍作为依据，让《道德经》这本深奥的名著，变得简单，易于被听众吸收。这就像曾仕强解读《易经》，这位大学教授也因为这场演讲收获了众多“粉丝”。但是这样成功的演讲建立在演讲者丰富的知识储备和人生经验的基础上，普通演讲者可能很难做到这一点。

三、含蓄幽默

幽默大概是这本书里提到最多的一个词。但是，幽默也有其程度和境界。在“讲得妙”的境界里，幽默更是难能可贵。在这里，幽默不仅体现在演讲的语言上，更体现在一种戏剧性的变化上。著名的音乐学家钱仁康说：“幽默是一切智慧的光芒，照耀在古今哲人的灵性中间，凡有幽默的素养者，都是聪敏颖悟的，他们会用幽默手腕解决一切困难问题，而把每一种事态安排得从容不迫，恰到好处。”幽默是演讲者步入演说家的必经之路。恰到好处的幽默、富有戏剧性的幽默，让演讲者的演讲更富有变化。

四、妙趣横生

妙这个字，恐怕很难用具体的语言文字解释清楚，只可意会不可言传，但如果演讲者达到了一定的境界，其演讲也许能给听众带来一种妙趣横生之感。

讲得妙是演讲的最高境界，也是演讲者的终极演讲目标。如果演讲者可以很巧妙地处理演讲内容，对听众而言也是一种幸运。

第八章 演讲的说服模式

激发兴趣

如何才能说服听众呢？前面的章节里我们曾简单提及。演讲的说服方式有很多种，总体来看，演讲有一套自己的说服办法，也叫说服模式。说服模式一共分为五大步骤，即激发兴趣、刺激欲望、建立信任、塑造价值、号召行动。激发听众的兴趣是第一步，也是最重要的一步。激发兴趣是说服听众的大前提，那么，如何才能激发听众聆听演讲或观看演讲的兴趣呢？

有一个叫王浩的年轻演讲者，他非常喜欢演讲，并且在国内诸多演讲赛事中获奖。王浩的演讲非常幽默，总能激发出听众的好奇心。有一次，他登台演讲，演讲的时候，竟然抱着一只小兔子上了演讲台。听众们非常好奇，难道演讲还需要携带一只宠物？上台之后，王浩故作腼腆，然后笑着问："朋友们，请问这只兔子是你们的吗？"台下听众的好奇心仿佛被一下子吊足了……

王浩抱着兔子，然后回头看看主持人，问主持人："主持人小姐姐，这是你的兔子吗？"女主持人矢口否认，王浩说："既然你们都不承认这只兔子是你们的……那它只能是我的了！"说完这句话，他在演讲台上对女主持人说："主持人小姐姐，请你过来一趟……帮我安抚它一会儿，等节目结束后，我请你吃饭，谢谢！”

王浩的这个“兔子”道具非常新颖，但是起到了良好的转化作用。紧接着，他从口袋里掏出一只红鼻子戴在鼻子上，然后涂抹了一点腮红，问台下听众：“大家看，我像不像刚刚挨过一顿打的人？”听众们齐声说：“不像……更像是欠打的人！”暖场之后，他开始了自己的演讲和故事，他说：“如果你们听完了我这个故事，可能对这样一个‘挨打’的小丑表示同情和关心。”

王浩的故事与一个小丑演员有关，小丑演员是非常辛苦的，常常用“丑化自己的形式”博观众一笑。但是这位可悲的小丑在一次表演之后，竟然挨了一名“醉汉”听众的打。为了不让妻子担心，他往自己的脸上打了腮红，并且故意做了一个“烟熏妆”，而且告诉妻子：“明天一早就有表演，这个妆不能卸，要一直留在脸上。”讲到这里，听众已经陷入沉默。小丑一连带着七天妆，才敢回到家里正面面对自己的妻子。这是一个“悲惨”的故事，又是一个“温馨”的故事。最后，王浩说：“我们既要像小丑这样爱护自己的亲人，又要学会尊重每一个人，尊重就意味着爱。”演讲结束后，全场掌声雷动。

弗兰克·劳埃德·赖特是美国历史上最有名的建筑师之一，他有过无数辉煌的作品。有一次，他的演讲与美国老牌工业城市匹兹堡有关。众所周知，匹兹堡曾经是一座堪比纽约的时尚大都会，有着“桥梁之城”的称号，还举办过 G20 会议。后来，经历转型的匹兹堡，拔去了烟囱，转向多元化经济。弗兰克·劳埃德·赖特也在匹兹堡留下了自己的足迹，在演讲中，他在众人面前是这样开头的：“这是我见过的最为丑陋的城市。”当听众听到弗兰克·劳埃德·赖特这样说时，顿时有了兴趣。他们在想，弗兰克·劳埃德·赖特为什么把这座老牌大都市形容成最丑陋的城市呢，弗兰克·劳埃德·赖特作为伟大的建筑师，一定有其理由。对于听众而言，他们也想从建筑师的嘴里得到“什么是建筑之美和城市之美”的答案，而弗兰克·劳埃德·赖特的答案无疑是权威的，具有说服力的，而他反其道而行的演讲方式是这场说服式演讲的开头，并且激发了听众极大的兴趣。

激起听众兴趣的演讲方式有很多种，反其道而行只是其中一种。还有一些演讲者借助多媒体工具进行现场展示，也成功地引起了听众的兴趣。在一次关于“女性健康”主题的演讲中，演讲者就是从现场展示开始的。他打开投影仪，用许多女性疾病的照片来引起现场观众的兴趣。当观众们看到大量的女性患病照片的时候，他说：“这一系列照片，都是我身边的女性朋友身患疾病的真实照片。如果您想要拥有一具健康的身体，或许我的这堂演讲课，对广大女性朋友来讲，是有帮助的。”通过现场演示的办法，这位演讲者让听众始终保持高度关注状态。用一位听众的话说：“那些照片是触目惊心的，我不得不听听这位讲师朋友是如何解读的？”只有引发听众的广泛兴趣，才能让听众坚持听下去。

无论是为了说服，还是为了呈现，激发听众兴趣是演讲者必须要做的一件事，只有这样，听众才能听你的演讲。激发听众兴趣是一种铺垫，有了这层铺垫，演讲者才能进一步提升听众的欲望，并主导这场演讲，继而说服听众。

刺激欲望

有人问："如何才能让听众产生持续听下去的欲望呢？"恐怕这也是一个难以回答的问题，刺激听众以产生欲望可能需要借助心理学来说明。百度百科给出"欲望"的定义是："欲望是世界上所有动物最原始的、最基本的一种本能。从人的角度讲是心理到身体的一种渴望、满足，它是一切动物存在必不可少的需求。一切动物最基本的欲望就是生存与存在。简单来说就是爱与不满足。"当然，这只是其中一种解释。心理学家马斯洛则把人的欲望进行分层，由此产生了马斯洛需求层次理论。但无论是何种对欲望的解读，都说明：欲望是一种本能，一种渴望，一种不满足。如果演讲者能够给听众提供一种"刺激听众本能"的刺激物，就能让听众产生持续听下去的欲望。

对于演讲者而言，我们先要找到听众的聆听刺激点。虽然听众来到了演讲现场，但是并不代表听众一定要听你的演讲。因此，这就需要演讲者调试自己的心理状态，想方设法，留住听众。记得有一位演讲者完成自己的演讲之后，随口问一位听众："您感觉我今天的现场发挥如何？能否提供一些个人建议？"这位听众竟然这么说："对不起先生，我可能没太听懂你所讲的内容，因此无法提供建议，实在抱歉！"像这样尴尬的事情，经常在演讲的时候发生。许多演讲者为此陷入一种困境：“为什么我的演讲无法引起听众的兴趣？”而听众呢？当他们觉得某场演讲实在不合自己的胃口时，就会开小差，或者提前离场。听众究竟在乎什么呢？或者到底对什么东西感兴趣呢？

演讲者不是听众肚子里的蛔虫，很难预判听众的兴趣点。但是，也不要着急！前面我们讲道，如果演讲者能够提供一个有趣的、吸引人的开场白，就能引起听众的兴趣，甚至勾起听众聆听下去的欲望。

有一位演讲者叫徐孟达，他曾经有过一次非常成功的演讲演出。那一年，他参加了一场演讲比赛，当时所有参赛者都是直接走上演讲台，然后开始自己的演讲。但是徐孟达不同，显然他有过精心的准备。他拿着一把椅子走到演讲台的中央，然后坐下。徐孟达的这个举动出乎现场所有听众的意料，因此他把所有听众的胃口吊了起来。此时，台下有听众小声议论：“这个演讲者很有意思，其他演讲者都是站着演讲，他是唯一一个带着椅子上来的人……”徐孟达的开场白非常有趣，他是这样说的：“其实，我跟大家一样，也是一名听众，我是从听众席走向了演讲舞台。虽然位置发生了变化，但本质上并没有改变。现在我坐着，其实并不是演讲，而是想说一些大家爱听、想听的故事，大家想不想听？”徐孟达的演讲促使听众有了聆听的欲望，因此听众们也非常配合徐孟达的演讲。徐孟达时而坐下，时而站起。其实，他是在以一种身体语言和姿态拉近自己与听众之间的距离。凭借这场演讲，徐孟达获得了雷鸣般的掌声和演讲比赛的冠军。

还有一些演讲是符合听众切身需求，这类演讲往往也会获得非常好的效果。有一个企业举办年会，总经理进行了一串利益锁链式的开场，而这个开场白马上就让所有听众集中了精神去听，年会开场白是这样的："今天参加年会的每一位都为公司的成功作出了很大的贡献，你们当中有许多人都是公司的股东和创立者，我们大家一起创建公司，一起打江山。在大家的努力下，公司已经成为行业里的领头羊。但是，兄弟姐妹们，我们现在面临一个巨大的挑战：在接下来的5年，将有35%的人会退休，甚至还有20%的高管会从领导岗位上退下来，而我们还没有储备好自己的干部和人才。为了公司未来5年的发展，可能我们要做一件关乎自身命运的事，这件事与在场所有人的核心利益有关……"许多企业员工听到这番开场白之后，产生了一丝害怕和焦虑情绪。这种害怕和焦虑情绪同样是一种欲望，对于这些企业员工而言，只有全神贯注听完总经理的演讲，才能找到答案，而这个答案关乎他们的切身利益。因此，这样的演讲开场白也具有激发听众欲望的作用。

无论如何，只要能引起听众的深层次兴趣，唤醒听众深埋已久的欲望，就能点燃听众，让听众彻底走进演讲者设计的"圈套"。如果说，激发听众兴趣是第一重要的事，那么激发听众的欲望就是第二重要的事。

建立信任

演讲者与听众之间需要彼此信任吗？是的，需要。在我看来，信任体现了演讲与聆听之间的关系。如果缺乏信任，演讲者与听众也就无法建立起“演讲”与“聆听”之间的联系。换言之，没有互动的演讲，不是演讲。演讲者想让听众持续、高度集中精力地去聆听，只有搭建好信任桥梁才可以。如何搭建信任桥梁呢？我想，可能需要演讲者做到以下几点。

一、真诚

“真诚”二字是老生常谈，即使我们在前面已经讲过了，依然要在本章节重复讲一次。面对听众，演讲者必须是真诚的。假如舞台中央站着的是一个狂妄之徒，听众会为他买单吗？听众并不傻，演讲者千万不要耍小聪明。富兰克林说过一句话：“诚恳；不欺骗人；思想要纯洁公正；说话也要如此。”如果听众感受到演讲者的真诚，就会竖起耳朵继续听。如果听众感受到演讲者只是在不停地“兜圈子”，而演讲者“兜圈子”只是为了吸引听众，恐怕这样的伎俩会被听众拆穿，紧接着听众就会愤然离场。

真诚体现在哪里？其实，从一个人讲话的声音、语气，就能感受此人是否真诚。另外，一个人的眼神也能体现出他是否真诚，假如这个人表里不一，他的眼神自然会出卖他。还有，一个人的肢体动作也能体现其是否真诚。如果你的着装是稳重的，语言是诚恳的，动作是稳重的，谈吐自然且与听众保持沟通状态，这样的演讲，就体现了真诚。我们来看看那些伟大的演说家，他们慷慨激昂、台风扎实，并且与台下的听众保持高契合度的互动。如果我们把搭建信任桥梁当作演讲成功第三重要的事，那么真诚就是建立信任关系的核心所在，缺乏真诚，也就无法建立信任桥梁。

二、真实

除了真诚，还要真实。但是有人问："难道演讲者不能虚构故事吗？"当然可以虚构故事，毫不夸张地说，演讲者的许多故事都是虚构出来的。但前提是，虚构的故事也必须体现真实性。虚构与真实，仿佛是矛盾的。但是，如果演讲者思维非常合乎逻辑与实际，那么，即便故事是他杜撰的，这个故事也有其真实性。换言之，虚构的故事要符合逻辑，合乎某种事实。如果是不符合逻辑、不合乎现实的故事，就会给听众一种假故事的感觉。那么，听众就不会继续被演讲者欺骗，而会选择离场。

哈佛商学院教授弗朗西斯·弗雷认为："真实性的动摇是最让人伤脑筋的。人只需一瞬间，就能分辨出对方是不是表现出了真正的自我。解决方法也很明确，如果你不希望真实性被质疑，那就做自己。"做自己，在听众面前分享自己的故事，这才是最能打动听众的。有一位演讲者向听众讲述自己的童年，他是这样讲的："我的童年是不幸的，我的童年是一个没有母亲的童年。6 岁那年，我的母亲因一场大病离开了我和我的姐姐。姐姐只比我大3岁，母亲去世之后，她就变成了我的‘妈妈’，肩负起照顾我的责任。我的父亲是一名老实巴交的普通工人，他不懂得教育我们，但是把父爱、善良、隐忍教给了我们。”讲到这里，听众对演讲者的故事产生兴趣，并且希望继续听下去，听一听演讲者的姐姐和父亲到底是怎样的人。这样，演讲者与听众的信任关系就建立了。与其说是听众信任演讲者，倒不如说是听众相信演讲者的故事是真实的。因为通常来讲，一个人几乎不会拿自己父亲、母亲的生命去开玩笑。真实的故事，让演讲者与听众之间的距离变得更近，也让听众对演讲者逐渐产生信任感，并坚持听下去。

三、同理心

什么是同理心？简单说，就是换位思考，将心比心。既然听众来到现场为演讲者加油助威，演讲者就要拿出自己的精气神去奉献一场精彩的演出。因此，演讲者要在舞台上表现出自己的耐心、爱心和雄心。耐心，就是要求演讲者耐住性子去演讲，无论现场发生了什么，都要保持耐心，控制住自己的脾气和情绪，将演讲完美呈现。爱心，就是尊重听众，喜爱听众，把听众当成自己的“衣食父母”，让听众感受到演讲者释放的那种爱，只有这样，才能让听众感受到演讲者的爱心。雄心，就是演讲者要给听众传递出一种气质和目标，有雄心的演讲者才能奉献出具有感染力的演讲。如果演讲者在舞台上表现出耐心、爱心、雄心，就能让听众喜欢你，信任你。

演讲活动是演讲者与听众共同完成的活动，少了谁都不行。因此，演讲者要与听众建立信任关系。

塑造价值

演讲者站在舞台上到底是为了什么？对于不同的演讲者来说，也许答案是不同的。有的演讲者说：“我演讲的目的是体现自己的人生价值。”有的演讲者说：“我是为了把自己的思想、观念宣传出去。”还有一些演讲者这样说：“我演讲的目的，仅仅只是锻炼自己，让自己快速成长。”更有一些演讲者这样说：“我演讲的目的是创造一种‘沟通条件’，让听众能够接受我的看法和思想。”无论哪一种，演讲者都是抱着目的来演讲的。尽管目的不同，但是演讲者都在塑造一种价值。因此，塑造价值也是演讲说服模式的一个重要步骤。演讲与聊天有本质上的区别，演讲不等于聊天，聊天可以毫无目的，但演讲必须要有目的。

那么，如何才能在演讲中塑造价值呢？

有一个年轻的演讲者王博，他是这样说的：“演讲是为了传递一种价值。我必须让听众知道，我在讲什么！”王博一直致力于绿色环保事业的推广，因此他的演讲主题一直与绿色环保相关。几年前，他参加了一次演讲比赛，演讲比赛的题目恰巧就是《绿色》。尽管这对王博来说轻车熟路，但为了这场演讲比赛，王博依然做了精心准备。他说：“演讲比赛分为两种方式，即线下和线上。线下大约有 500 名听众，而线上的听众数量更多。如果我的演讲能够产生作用，或许会有超过500人接受绿色经济的概念，并且从自己做起！”

在演讲比赛中，他是这样讲的：“我在自己的房间里养了许多绿植，这些绿植给我带来了许多帮助。当我处于抑郁症的严重期时，是这些绿色的植物帮了我。因此，我对绿色有一种特殊的情感。绿色不仅体现了一种生命力，更是一种健康的颜色，我们本就生活在绿色的世界里。”在演讲的后半部分，王博还谈到了绿色与健康、绿色与环保、绿色与低碳的关系。演讲结束之后，王博观察到，许多年轻人开启了“绿色出行”——扫二维码骑共享单车离开会场。换句话说，王博的演讲产生了作用，许多听众已经接受他的绿色环保理念，开始行动了。

还有一个叫李青的演讲者，他的演讲题目是《“过劳死”不是疾病，而是现象》，他是这样讲的：“猝死并不稀奇，稀奇的是猝死者正当年，都是单位的‘柱子’、家里的‘天’。翻看他们的经历，经常熬夜，频繁加班，工作很拼，操劳过度，也就是我们常说的过劳。‘过劳死’不是一种疾病，而是一种现象。从法律角度定义，是指某些用人单位违反国家相关法律法规，强令或变相强令劳动者超出正常工作时间和劳动强度，从而使劳动者正常工作规律和生活规律遭到破坏，体内疲劳蓄积并向过劳状态转移，导致血压升高、动脉硬化加剧，最终导致死亡。在医疗行业或其他肩负重大社会责任的行业，强令或变相强令过劳的现象屡见不鲜，‘周六保证不休息，周日休息不保证’，似乎成了某些用人单位员工的流行语和流行现象，许多精英倒在了这种‘杀鸡取卵’式的工作制度上。我们说不要带血的GDP，同样，我们也不要伤痕累累的成功和财富！”

听众中的普通职员听完他的演讲之后应该能意识到：某些单位的员工为了金钱和物质“过劳”死亡，这种做法是非常不值的；而某些从事企业管理工作的听众应该醒悟：如果企业一味要求员工加班，员工因“过劳”超出身体负荷，长此以往，最后的结果只能是，企业将会损失公司最大的财富——员工。不管如何，演讲者已经把某种“价值观”传递给了听众，听众可从中感受并认识到身体健康与规律作息之间的关系。

思想价值的传递是演讲者必须要做的一件事，而且是非常重要的一件事，更是唤醒听众的一件事。

号召行动

演讲还有一个功能，也是演讲说服模式最关键的一步，即号召行动。演讲者传递的某种价值，在听众的后续行为上有所体现，这就是行动。

有一个演说家，他是一名国学讲师。他的演讲内容，通常都与国学有关。国学是中国的传统思想，是5000多年中华文明的精髓所在。因此，这位演说家的国学课深受听众欢迎。

有一次，他讲“上善若水”的学问。“上善若水”出自《道德经》，书中写道：“上善若水。水善利万物而不争，处众人之所恶，故几于道。居善地，心善渊，与善仁，言善信，政善治，事善能，动善时。夫唯不争，故无尤。”原文略显晦涩，为了能让听众懂得“上善若水”蕴藏的大学问，他是这样讲的：“水具有一种宝贵的品格，与大道是相贯通的。水具有三个特点：（1）水是柔弱的，是任顺自然的；（2）水造福天下，具有一种公德之心；（3）水不争不抢，水处下处卑，却能超越世俗。因此，‘水’给了我们三种做人的智慧，对待人要良善，对待社会要有公德心，处卑下以养己德。与善仁、言善信、正善治、事善能、动善时，只有这样，我们才能感悟到水的智慧，并且懂得《道德经》是一本怎样的书。”

有一位听众是这位演说家的资深粉丝，他非常喜欢这位演说家的国学演讲。他说：“过去我一直在门外徘徊，不知道《道德经》讲了什么。听了演说家的课，我才真正走进《道德经》，是演说家帮我打开了这扇大门。过去的我，总是被各种烦恼、名利折磨，现在我看开了，放下了。顺其自然，当天时、地利、人和都具备了，好的结果也就自然产生了。”可见，演说家的演讲让这位听众的心态发生了变化，使这位听众不仅接受了他的思想，并且开始行动了。

还有一次，演说家讲《道德经》第十八章，“大道废，有仁义；智慧出，有大伪；六亲不和，有孝慈；国家昏乱，有忠臣”。他是这样解读的：“原始的那种朴素随着社会的发展已经逐渐消失殆尽，人们逐渐远离了大道，也因此出现了异化。而这一切都不是老子所想见，老子认为：仁义的提出是因为社会上产生了不仁义的事情，孝慈的提出是因为社会上产生了不孝慈的事情；忠臣的出现，往往是因为整个国家出现问题，甚至是佞臣当道。这一切都意味着，我们的国家和社会已经出现了‘道德滑坡’，因此有病则医是必须要做的事情。这给我们这代人的提示就是，大自然是自然无妄的，我们要远离‘作伪’，正如孟子所言：‘诚者，天之道也。’不要试图去迷惑人，也不要被虚荣心所掌控，摘下面具，保持真挚和真诚，才能返璞归真。”这位演说家的高明之处在于，他没有发出号召令，而是用语言和思想说服他人，潜移默化地改变他人。这样的说服，比扯着嗓子要求他人去做的做法更加高明。当然，也不乏一些直接发出“号召”的演讲者。其中有一些演讲属于公益类演讲，演讲者就需要在演讲中发出号召，让更多的听众进入公益领域，参加各种公益活动。

不管如何，如果演讲者能够号召听众行动，则说明演讲者的演讲是成功的，并起到了推动社会发展的作用。

第九章 演讲的六大智慧

开头第一句要洪亮

俗话说："万事开头难！"任何事情似乎都验证了这句话。对于演讲者而言，开头第一句是重中之重。前面我们讲到了开场白的重要性，自然，开场白的第一句话更加重要。从事演讲事业多年，我曾在现场体验了无数次优秀演讲者的开场。但凡一场成功的演讲，开场后的第一句也必是精彩且能引起听众兴趣的。下面，我们先来看看世界著名的演说家或者政治家，他们演讲的开场第一句是怎样的！

马丁·路德·金是著名的黑人领袖，他的著名演讲《我有一个梦想》的开头是这样说的："一百年前，一位伟大的美国人签署了《解放黑奴宣言》，今天我们就是在他的雕像前集会。这一庄严宣言犹如灯塔的光芒，给千百万在那摧残生命的不义之火中受煎熬的黑奴带来了希望。它之到来犹如欢乐的黎明，结束了束缚黑人的漫漫长夜。"这一段开场，是非常典型的演讲开场，它讲明了演讲者到底想要说什么。"一百年前，一位伟大的美国人签署了《解放黑奴宣言》，今天我们就是在他的雕像前集会。"这段话非常集中地说明了，马丁·路德·金的《我有一个梦想》是一次关于"解放黑奴"的演讲，是为了给黑人争取政治地位和社会公平的演讲。换言之，他在开头就讲明了自己来这里的目的，他演讲的目的很明确，必须要在开头第一句告诉大家，《解放黑奴宣言》

就是他来这里的目的。

如果马丁·路德·金在演讲的开头部分并没有告诉大家，他演讲的目的是什么，而是介绍自己，或者增加许多铺垫，恐怕都无法达到后来的效果。《我有一个梦想》有非常亮眼的开场白，或者说是第一句话就告诉了听众，他来这里做演讲是为了给黑人争取利益。对于听众而言，马丁·路德·金的第一句话就告诉了他们演讲内容是什么，他们会因此决定是否继续听下去。对于广大的、正处于被不公平对待的黑人同胞而言，他们会选择听下去，听一听马丁·路德·金这位黑人斗士到底会说些什么。

《我有一个梦想》的第二段话是这样的："然而一百年后的今天，我们必须正视黑人还没有得到自由这一悲惨的事实。一百年后的今天，在种族隔离的镣铐和种族歧视的枷锁下，黑人的生活备受压榨；一百年后的今天，黑人仍生活在物质充裕的海洋中一个穷困的孤岛上；一百年后的今天，黑人仍然蜷缩在美国社会的角落里，并且，意识到自己是故土家园中的流亡者。今天我们在这里集会，就是要把这种骇人听闻的情况公之于众。"当听众听完第二段话之后，他们的热血已经被点燃。第二段话比第一段话更具煽动性，但是如果没有第一段话的引领，恐怕听众也不会产生继续听下去的兴趣。因此，不得不说，马丁·路德·金这场演讲的开头是非常精彩和成功的。

无论如何，演讲开场的第一句话相当于一件优秀商品的广告，如果演讲者的开场第一句是非常平庸的，恐怕整场演讲就都是平庸的。

开场一分钟很重要

开场一分钟很重要。开场一分钟能做许多事情，这些事情可能包括以下几个方面：

一、个人介绍

如果你是一个新人，你在听众面前是完全陌生的，个人介绍便必不可少。有的演讲者个人介绍简单而直接，能够让听众直接、快速地记住，如某位演讲者的个人介绍："我叫黄鑫，希望大家能够喜欢我的演讲！"简简单单的个人介绍，有时也能得到良好的效果。

二、点题

演讲者站到讲台上，就要让听众知道你来这里的目的。因此，开场一分钟需要适当交代你来此演讲的目的。在这里，我用了"适当"二字，就是想告诉年轻的新人，点题必须要有，但是不要在点题上做太多文章，因为时间有限，只有一分钟。

三、营造气氛

气氛的营造并不是从正文部分开始的，而是从头到尾都要有。或者说，营造气氛的起点就在开场一分钟。有人问："开场一分钟，既要有个人介绍，又要适当点题，还要营造气氛，会不会有些紧张？"聪明的演讲者总会把其中的两种元素叠放在一起，在自我介绍或点题时就开始营造气氛。曾经有位演讲者利用开场一分钟讲了一个悬疑故事，当然，这个悬疑故事的主题与演讲的主题内容相关，而把自我介绍放在了故事之后。

开场一分钟并不设定具体的内容，完全看演讲者的临场发挥。但需要强调的是，演讲者需要在开场营造气氛。听众只有感受到某种气氛，才可能被这种气氛影响，并跟随演讲者的脚步一步一步进入演讲主题中。

除了上述三点之外，可能还有其他的元素内容在里面。但是仍旧需要强调的是，时间只有一分钟，超过了一分钟，整个演讲的结构将会发生变化。

常有人言："不要在开始部分太过发力，做好应该做的就好。"

乐嘉在《成功只需要一件事》这场演讲中，他的开场一分钟是这样的："前两年时间里面我总共做过三次演讲，这三次演讲全部是和性格色彩有关，那今年我想换另外一个话题来跟大家交流，也相当于我对我自己过去四十年的一个思考，我认为这是我做得最棒的一件事和我最值得自豪和骄傲的一件事。在年轻的时候我看了很多的成功学方面的书，因为我非常向往成功，在我看了无数的成功学书籍以后我发现绝大多数的书讲到最后所有的道理基本都是差不多的，梦想、目标、欲望、行动、信念、激情、专注和坚持。"乐嘉的演讲随性自然，但是也在开场一分钟内介绍了自己的过往和自己对成功的认识，并且把成功的"八大元素"摆了出来，即梦想、目标、欲望、行动、信念、激情、专注和坚持。

每个演讲者的开场一分钟都是不同的，但是为什么多次强调开场一分钟的重要性呢？马林·菲茨沃特曾经给多任美国总统担任秘书，他曾经这样谈及比尔·克林顿：“比尔·克林顿是我见过的最厉害的角色，他进入任何一个房间后都能够迅速吸引每一个人的注意力。从克林顿身上，我们应该学习到的一点是：不要漫无目标、表现随意或者举止轻慢，而要让你的‘客人’们有被尊重以及自己很重要的感觉。你来到这儿的目的就是为这些重要人物带来一些重要信息。”如果演讲者能够通过“开场这一分钟”向听众传递一个他们认为是重要的信息，就能够吸引听众，让听众听下去。

减少说理式的内容

演讲不是讲理，更不需要演讲者去费尽心思讲道理。试图说服对方的方式有很多种，但说理式的演讲往往会适得其反。2018 年第一期《演讲与口才·学生版》在一篇名为《演讲，如何避免枯燥说理》的文章中写道："演讲的目的即在于让听众接受所讲道理，而干巴巴说理又给人枯燥之感；于是，高明的演讲者便调动各种手段，以期在引发听众兴趣的同时，亦使得所讲道理更为牢靠。"

说理式的演讲，摆脱不了主观的、枯燥的经验和情绪，甚至给听众一种强行"洗脑"的感觉。道理不是不能讲，而是要讲得不多不少、恰如其分。如果演讲者通篇都在讲道理，听众就会产生一种逆反心理。有一位听众听完一位通篇摆出大道理的演讲者的演讲后，给出这样一番评价："他讲的道理我们都懂，除了道理外，没有听到我感兴趣的东西。"这也让我想起一位企业家，他就特别喜欢讲大道理。

有一次，这位企业家召开员工大会，大会一开始他便开启了自己的"道理演讲之旅"。他是这样说的："企业为了员工，不惜花费心思去搭建平台，为大家提供平台，并且想尽一切办法提高员工的薪资，给员工营造良好的工作、生活环境。在这样的大背景下，我们更要强调感恩，员工要感恩企业，如果没有企业，也就没有员工。当然，企业依赖于员工，没有员工，也无法成就企业。企业感恩员工，员工感恩企业，我们的企业才能更好！”这段演讲，几乎都是在说理。然而，这位企业家的演讲通篇如此，听到最后，一名员工实在无法忍受：“老板天天都在讲感恩，都讲了几百次了。这个社会是很公平的，我们付出劳动，就应该有所得。就算我今天不在这家公司做，换一家公司也是如此，难道这世界上还有干活不给钱的道理？”企业老板讲完话之后，轮到一位市场总监发言。这位市场总监非常感性，他的讲话风格与企业老板完全不同，他是这样讲的：“就在几个月前，公司发给某个客户一批货。这批货经由我的手，并且签了字。发货前，我们市场部的王经理为了严把产品质量关，做了抽检。原本，我们公司的产品质量一直没有问题，甚至已经达到了免检标准，但是多亏了王经理的抽检，才发现新产品中有两个批次的产品质量不合格。产品返厂，客户也因此耽误了生产经营。为了解决这个问题，消除客户的异议，王经理与我一起去拜访客户，帮助客户积极协调，把客户的经营风险降到了最低。与此同时，我们公司也避免了产品质量事故，并积极查找到问题，解决了问题。王经理是一个对待工作一丝不苟的人，在他的努力下，企业内部的生产部门与销售部门打通了关联，甚至改变了传统‘以产定销’的经营模式，帮助公司实现了转型。我想说的是，公司正因为有王经理以及像王经理这样的企业员工，我们的企业才会越来越好。”这段讲话，也是在说理，只不过这样的说理是以事实为依据的，并不是单纯的说理。台下几百名员工听完市场总监的讲话后，心里舒服多了。感恩是双向的，但是更多的应该是企业对员工的感恩，没有员工，也就没有企业。就像“企”这个字，如果离开了“人”，企业就“停止”了。

演讲中的道理如何才能讲得不多不少、恰如其分呢？我想，可以尝试以下几种方式：

一、以事实为依据

演讲者演讲不能脱离事实，要以事实为依据。道理是抽象的，但事实是直接而具体的。听众听到事实之后，才能去理解并接纳事实背后的道理，否则，纯粹的说理只能给人一种枯涩、乏味之感。

二、把道理融进故事

对于听众而言，各种大道理已经听得足够多了，他们没有继续听大道理的理由和兴趣。但是，绝大多数人会对故事感兴趣。如果演讲者能够在演讲中，将道理融入故事，通过故事去呈现道理，就会被听众接受。西方许多思想家的演讲，都是通过故事去呈现道理。甚至还有人编纂了故事寓言，这些寓言故事就是一种非常好的讲道理的模式。

三、把道理情景化、感性化

在演讲中，演讲者单纯说理是枯燥乏味的，同时会因缺乏情感而被听众诟病。因此，演讲者还需要把说理部分进行情景化、感性化处理，让演讲变得有感情。这种情景化、感性化的说理方式是委婉的，具有一种同理心的特点。

如果我们的演讲者能够以事实为依据，把道理融进故事，甚至把道理情景化、感性化，就会让更多的听众接受你的演讲和演讲中所要表达出来的道理。

语言要自然而流畅

演讲的语言应该是怎样的？是一种诗一般的语言还是一种充满意趣的语言？在我的从业生涯里，我听过不同方式的演讲，不同的演讲者有不同的风格，其中也包括语言形式。

王峰，除了医生这个身份，他还有一个身份——一名资深的保险讲师。他的演讲内容多与健康有关，他每年在全国各地巡回演讲超过100场，且有一定的影响力。他的演讲可以用专业来形容。有一次，他的演讲题目是《亚健康与保险》，他是这样讲的："亚健康其实是一个社会名词，也是一种社会现象，亦是一种疾病。当你的体检报告显示，你的多项生理指标不符合临床健康标准，则说明你的身体是有问题的。如果我们身处亚健康状态，该如何处理呢？我有两个建议：第一个建议是调整自己的生活方式，让自己养生。所谓养生，绝不是让你吃各种补药，而是让你养成健康的作息习惯。养生并不是从50岁开始，而是从年轻时开始。第二个建议是买一份保险，尤其是关乎身体健康的保险。得了病需要花钱，甚至花费巨大，但是买一份保险就可以解决住院看病花钱的难题。虽然保险并不能保障全部，但可以解决一大部分问题。"听到这里，听众应该能够感受到，王峰的演讲语言是偏生活化的，但又不脱离专业。从医的工作经历，几百上千场的健康演讲，早就让他形成了一套属于自己的演讲方式和风格。他的演讲，没有太多的修辞，更没有复杂的逻辑关系，而是言简意赅地将某种关乎主题的东西表达出来。王峰说："我的演讲，只是让大家明白健康与保险的关系。让大家如何在日常生活中进行保健，如何正确认识保险。"

当然，这是属于王峰的表达方式。还有一些演讲者可能具备较高的文学素养，他们的演讲具备一定的文学性，这同样能给听众带来一种愉悦感。日本作家川端康成是诺贝尔文学奖得主，他在颁奖舞台上演讲的题目是《日本的美与我》，他是这样演讲的："'春花秋月夏杜鹃，冬雪寂寂溢清寒'，这首和歌，题为《本来面目》，为道元禅师（1200—1253）所作。'冬月出云暂相伴，北风侵骨雪亦寒'，而这一首，则是明惠上人（1173—1232）的手笔。逢到别人索我题字，我曾书赠这两首和歌。明惠的和歌前，冠有一段既长且详的序，像篇叙事诗，用以说明这首诗的意境。元仁元年（1224）十二月十二日夜，天阴月晦，入花殿坐禅。中宵禅毕，自峰顶禅堂返山下方丈。月出云间，清辉映雪。虽狼嗥谷中，有月为伴，亦何惧哉。入方丈顷，起身出房，见月复明，隐入云端。恰闻夜半钟声，遂重登峰顶禅堂，月亦再度破云而出，一路相送。至峰顶，步入禅堂之际，月追云及，几欲隐于对山峰后，一似暗中与余相伴矣。这篇序后，便是上面所引的和歌。"这段演讲具有非常浓厚的文学气息。尤其川端康成在诺贝尔文学奖的颁奖舞台上演讲，面对的听众是一些极具文学素养的人。在这样一群高素质的听众面前一定要保持高水平。很显然，川端康成做到了这一点，且演讲清新脱俗，非常高雅，既流畅自然，又不失韵味。

还有一些演讲者则是采取一种诙谐幽默的演讲方式。某位著名相声演员就是其中之一，他曾经在美国哥伦比亚大学有过精彩的演讲。有人问："小学都没毕业的他，凭什么去哥伦比亚大学演讲？"他的演讲开场是这样的："其实我是来参加 ×× 的座谈会来的，昨天大姐去看我演出了，一直看到挺晚，今天又看，一个劲儿地夸奖我，不好意思，我第一不是大师，我第二不是大使。我就是一普通说相声的，站在这个位置上挺开心，7 岁学艺，每天上台就一桌子，今天这桌子稍微大了一点。"这位相声演员的演讲开场白风趣幽默，而且带有一种自嘲风，开场就吸引听众，并将听众带进了自己的演讲主题里。因此演讲是一项不分学历、不分阶层的社会活动，任何人都可以参与演讲，任何人都可以把演讲的精髓带给听众，让听众开心。相声演员是语言工作者，千锤百炼的基本功，让他们在演讲台上自由洒脱，而他们的演讲语言同样是自然、流畅的，并且语言风格平民化。

不管如何，演讲语言要自然、流畅，绝不能晦涩难懂。如果演讲者讲的东西谁都听不懂，这样的演讲就是失败的。

煽情非常有必要

一提到“煽情”二字，许多人都会想到著名主持人倪萍。倪萍的主持风格非常煽情，甚至是催人泪下的。当然，她在主持过程中是真情流露的。除了主持之外，倪萍的演讲也非常好，她甚至将“煽情”融入演讲当中。2020 年新冠肺炎疫情期间，倪萍在一场演讲中是这样讲的：疫情很快暴发，每天的数字，每天各种各样的新闻，我就彻底蒙了。我 60 岁了，从来没有过这样的经历，每一天都在担心。不像地震，报告这次损失了多少人，它是有一个数的，疫情没有数……遇到这种事，我马上从账户里拿出 100 万元来，那时候防护服、呼吸机都没有，买看上去没有什么用但实际有点用的牛奶。然后我联系蒙牛，蒙牛公司说一下子拿不出这么多，我说没事儿，这个牛奶不用一下子堆到医院，就不断送，每天够喝的就行。一直送，武汉的各大医院都送。那个时候送个牛奶都特别困难，谁给你送？因为人家都特别忙，特别危险。我有一个曾经在武汉工作的朋友，龙晓君，我想到他们夫妇俩。我说，我有一个困难……他们说，倪姐，这都不叫困难，然后他们夫妇俩找了防护服，每天早上送，晚上送，只要有牛奶就送，这么点儿牛奶当时送了一个多月……首先曝出来的是华中科技大学附属协和医院，他们医院把第一批收到的 500 箱牛奶全给病人喝了。因为那时候院长说现在病人的体质比我们弱多了，让他们先喝。这个事儿让记者知道了，然后就报道出来了。当中还有长江航运总医院的医生、护士收到牛奶之后，发了一封信给晓君，又转给我。很长的一封信，特别打动我的一句话就是，倪姐，你放心，不获全胜，绝不收兵，这是我们的保证。年纪大一点的都知道，不获全胜，绝不收兵，死也死在战场上，真是壮志豪言，真的特别感动。

倪萍的这段演讲，一共只有两分半钟，却让听众动容。从演讲内容上看，倪萍的演讲非常朴实，就是讲了一个“疫情期间送牛奶”的故事。但是，这个故事有两个特别感动人的地方。一个地方是，龙晓君夫妇穿防护服天天往武汉的各大医院送牛奶，连续送了一个月，要知道，这可是冒着生命危险在送牛奶。另一个地方是，武汉各大医院的医生、护士把牛奶送给病人喝，并立下“不获全胜，绝不收兵”的豪言壮语。因此，倪萍的这场演讲无疑是成功的，而她没有讲道理，仅仅只是讲故事。

倪萍在一次访谈中曾说：“如果说我崇尚一种风格的话，我就不希望高深，不希望人家琢磨半天才琢磨懂的话，我就说大白话，再高深我也要用大白话说清楚。”这种大白话式的主持风格成就了倪萍。回过头我们再来看倪萍的主持或演讲，之所以“煽情”，是因为她讲的都是真实的东西，是真情流露出来的东西。对于演讲者而言，表演并不是演讲的全部，发自内心的讲述才是演讲的全部。另外，“煽情”绝不是故意制造，而是一种自然流露。如何才能体现“煽情”呢？可能需要演讲者做到以下几个方面：

第一，自然流露自己的真实情感，不要故作深情，做到自然而然、顺水推舟式的讲述即可。

第二，尽量选择朴实的语言，或者像倪萍那样选择大白话更容易打动人，也能够拉近演讲者与听众之间的距离，让听众更加轻松聆听。

第三，故事尽量新颖，拒绝俗套的演讲套路。新颖的东西，也能提升演讲的效果，甚至具有一定的“煽情”作用。

如果我们的演讲者能够做到以上三点，也就基本可以做到“煽情”。“煽情”不是故意为之，而是一种感情的自然挥发，这就要求演讲者在演讲的过程中动情深入地演讲，把真实的自己展现在听众面前。

要穿插生动的故事

演讲，某种程度上就是讲故事。演讲者向听众讲述自己的故事，听众聆听演讲者的故事。

前面我们也讲到了，单纯的说理，会让演讲变得枯燥乏味。想要提升演讲效果，还要赋予演讲更多的东西，如在演讲中穿插生动的故事。“超级演说家”是国内一档演讲类节目，粉丝众多，并且在中国演讲界引起了地震式的轰动。许多听众听了演讲者精彩的演讲，开始练习口才，甚至想要登台演出。“超级演说家”给听众最直观的感受是，“超级演说家”变成了一档“超级好故事”栏目，这是为什么呢？正如作者曾乐在《新快报》发表的一篇名为《“超级演说家”变“超级好故事”故事是煽情 or 正能量？》的文章中写道：“来自中国香港、台湾地区以及内地的陈州、姬剑晶、胡野碧、曹青莞、崔永平、酸酸、关滨7位选手轮番登台演讲。这7位选手中，有双腿截肢的残疾流浪歌手陈州、从小父母离异的婚礼司仪关滨，以及天生患有重度耳聋的女孩儿曹青莞，这3位选手的身世可谓都十分悲情。看过节目后，有网友表示几乎每个演讲者背后都有一段坎坷的人生故事，‘超级演说家’更应该叫‘超级好故事’。有观众觉得选手背后的故事有煽情的嫌疑，不过也有观众赞选手们表现豁达，比如双腿截肢的陈州演讲时展现残疾流浪歌手的幸福生活，还经常拿自己的‘无腿’来开玩笑，‘我老婆不喜欢不洗脚的人，我发现我倒是没这个问题’，这种乐观态度让导师乐嘉钦佩得上台跪地与其相拥作别。而天生患有重度耳聋的曹青莞，这位有着天使脸蛋的女孩，因为重度耳聋，说话吃力甚至有些咬字不清也前来演讲，让四名导师都很感动。”

其实，这些演讲者不仅获得了导师们的认可，还获得了听众的认可。听众来到舞台前，绝不是为了某个大道理而来，更是为了一个动听的故事而来。如果演讲者讲授某个道理，恐怕就会把演讲变成讲课，这也是听众不愿意遇到的。就像一位听众所言："我们只想做听众，不想做学生。"这样的评价来自听众，演讲者必须尊重听众。既然听众喜欢故事，演讲者为何不在演讲中穿插一些精彩的小故事呢？

记得有一位获奖的演讲者这样讲述自己遭遇危险的一幕："2008 年我失恋了，余年不顺，总觉得人生失去了什么最宝贵的东西，那一段时间我特别颓废。因为我家是什邡的嘛，2008 年大家都知道发生了什么事儿。当我还在寻思着晚上是借酒消愁还是借酒消愁的时候，地震就来了。我还不知道怎么回事，就听到整个世界嗡嗡响着，紧接着就是剧烈的摇晃。我想，这肯定不是‘恶作剧’，等我缓过劲儿来，地震已经结束了。除了掉落的台灯，整栋房间没有出现严重的破损。但当我看到窗外的景象，就像遭遇了一场‘核打击’，是那种灾难片都无法描绘出来的场景，有些人裹着床单就上了街，就像生死大逃亡。也就是那个时候，我仿佛重新认识了‘生命’这个东西，它真的不算什么，但是它需要我们珍惜，并且让它变得有意义。于是，我作出了一个决定，我要参与救援！"许多没有经历过汶川地震的听众，非常期望听一听震中的人们讲述地震，而不是某个人高谈阔论自己对生命的理解。

演讲者在演讲中穿插故事是一种交流行为，故事比某个道理更具有说服力和感染力。

第十章 演讲者的语言风格

客观事实的呈现

有人说："演讲就是客观呈现事实。"这句话没有毛病，甚至可以说是一句真理。演讲不能信口开河、胡编乱造。

代国宏是汶川大地震的幸存者，北川人，在地震中失去了双腿。他来到演讲舞台中央这样讲道：

人生一世，有些事会忘记，也有些事会永远铭记，就像我们每个人都不会忘记自己的18岁。18岁那一年我正在读高中二年级，我们寝室特别出名，班长、学习委员、文艺委员、体育委员和各科的课代表都在我们寝室，全是"大官"。我们会偷偷在寝室煮火锅，聊有没有中意的其他班女生，下课时会故意绕道，到每个班门口偷偷地瞄上一眼。当然，我们班也有漂亮的姑娘，我的同桌就是其中一位，她特别爱笑，脸圆圆的。喜欢扎一个马尾，鼻梁上总架着一副透亮的眼镜。那是一个礼拜一，第一节课是政治课，我们的政治老师特别严厉，几乎没有见他笑过。我们下面也是一片安静，只有老师在黑板上"唰唰唰"写字的声音。突然，我感觉桌椅抖了几下，这时老师在黑板上写字的手也戛然而止，他转过身来做出让我们不要动的手势。就在这时，我眼看着老师脚下的地和（身后的）墙同时裂开一米宽的沟。我迅速回头，发现四周的墙体全部以同样的方式裂了开来，我赶紧握住自己的桌子腿，想要躲到桌子下面去。这时，我看到头上的天花板、灯、电扇都稀里哗啦地往下掉。我脚下的预制板也突然裂开，我的脚掉下去，掉在我截肢的这个位置，它又瞬间合拢，把我紧紧地卡在了那里。我用尽所有的力气，把身旁的课桌、桌板、椅子腿儿，都拿过来塞到我自己的身旁，让我的空间可以大一点，但当我想用力挣脱的时候，却突然感觉肚子里面有一个东西一下子就顶到了我喉咙的位置，下一刻感觉就要从我嘴里出来。所以我不敢再动。是的，这就是我所经历的 5·12 汶川特大地震……

代国宏的演讲感染了在场的所有人，有许多听众潸然落泪。代国宏的演讲之所以成功，有两个重要因素。第一，代国宏是地震的亲历者，他在地震中失去了双腿，这是客观事实，无法改变；第二，代国宏在讲述自己的经历时没有夸大其词，而是如实呈现客观事实。

当然，关于灾难的演讲不计其数，许多没有经历过灾难的演讲者也能将灾难的画面描述得惟妙惟肖。但事实上，这样编造式的演讲是无法打动听众的。

李增源在《演讲与口才》杂志上发表过一篇文章，其中写道：“所谓真相，是指事物所有的本来面貌和真实情况。然而，现实生活中的许多真相，总是被蒙蔽、掩盖，甚至歪曲。因此，当听众迫切需要了解事实的时候，一个有社会责任感的演讲者，就应当把真相揭示出来，以回应听众的期待，彰显演讲的深度。”真相是什么？就是事实。解开真相，就需要客观事实。

还有人问："为什么是客观呈现事实而不是主观呈现事实？"严格来讲，完全客观是不存在的，演讲者的演讲，无论如何也会披上主观叙述的外衣。但有一点应当肯定，演讲者完全可以选择一种接近事实真相的叙述方式，而不是带有强烈感情色彩的评论，更不是夸大其词或者歪曲事实的表达。演讲可以制造噱头，但是绝不能背离事实。前面我们讲到"真诚"二字，演讲者的真诚体现在哪儿？恰恰就体现在如何如实地对事实进行客观呈现。

客观呈现事实，也会帮助演讲者养成一种语言表达习惯和语言风格。客观呈现事实并不是一件容易的事情，它同样需要演讲者积极训练。呈现事实不仅需要演讲者有严谨的逻辑习惯，而且需要用事实数据来体现。乔布斯是一个营销高手，他的演讲水平也十分了得。作为一位"工科生"，他更喜欢用数据"说话"。2008 年 Macworld 大会上，乔布斯这样说："我非常高兴地向大家汇报，我们迄今为止已经售出了 400 万部 Iphone，如果你用 400 万除以 200 天，结果就是平均每天售出 2 万部 Iphone。在这段时间里，Iphone 已经占据了 20% 的市场份额。"这些数据不仅提升了乔布斯的话语分量，更是引起了听众的关注。

总之，演讲者首先要养成客观呈现事实的习惯，好的习惯养成了，也就能在自己的演讲事业上高速前进。

五觉景象的呈现

一名优秀的演讲者，一定能给听众带来身临其境的体验感，如同让听众完全进入一个场景中。在这个场景里，听众会产生“五觉”上的感触。就像上节那篇文章中汶川大地震幸存者代国宏所讲述的：“我们下面也是一片安静，只有老师在黑板上‘唰唰唰’写字的声音。突然，我感觉桌椅抖了几下，这时老师在黑板上写字的手也戛然而止，他转过身来做出让我们不要动的手势。就在这时，我眼看着老师脚下的地和（身后的）墙同时裂开一米宽的沟。我迅速回头，发现四周的墙体全部以同样的方式裂了开来，我赶紧握住自己的桌子腿，想要躲到桌子下面去。这时，我看到头上的天花板、灯、电扇都稀里哗啦地往下掉。我脚下的预制板也突然裂开，我的脚掉下去，掉在我截肢的这个位置，它又瞬间合拢，把我紧紧地卡在了那里。我用尽所有的力气，把身旁的课桌、桌板、椅子腿儿，都拿过来塞到我自己的身旁，让我的空间可以大一点，但当我想用力挣脱的时候，却突然感觉肚子里面有一个东西一下子就顶到了我喉咙的位置，下一刻感觉就要从我嘴里出来。所以我不敢再动。”

就是这段描述，给听众一种既紧张又抓心的感觉。这样的画面呈现，既有视觉的，也有听觉的，甚至连剧烈地震产生的摇晃感也能感受到，仿佛一位纪录片导演举着摄像机进行了一次地震历险。如果读者看过这场演讲，也会被讲台下听众紧张的面部表情感染。是的，演讲给听众带来了“五觉”上的体验，让听众跟着演讲者一起经历他曾经经历的一切。就像故事大王对着孩子们讲骇人恐怖的故事那样。“五觉”就是我们通常讲的视觉、听觉、触觉、嗅觉、味觉。

一、视觉

视觉是物体的影像刺激视网膜所产生的感觉。我们还是以代国宏的演讲为例，代国宏的演讲充满了画面感，能够给听众带来一种视觉上的震撼。即使没有经历过汶川大地震的人也能想象到，在那样一场大灾难下，人们如何无奈，又是如何求生。

二、听觉

听觉是声波振动鼓膜所产生的感觉，其中包括说话的声音、操作的声音、走路的声音、墙壁倒塌的声音。很显然，代国宏的演讲，就具备了这一元素。政治老师“在黑板上‘唰唰唰’写字的声音”、地面和墙壁裂开的声音。听众对这样的声音是非常敏感的，因此这些声音会在听众的心里产生作用。

三、触觉

触觉是皮肤等与物体接触时所产生的感觉，如教室里的桌子、墙壁等。代国宏的演讲给了听众这样一幅画面：在一间教室里，学生们正在上课，老师拿着笔在黑板上写字，学生们伏案在课桌上，地震来了，代国宏下意识抓住桌子腿儿，打算躲到桌子底下。这一系列的动作，都是事件的亲历者与教室里的“道具”产生关联而传递出来的。听众会对晃动的教室、开裂的墙壁、断裂的预制板等产生一种触觉上的感受。

四、嗅觉

嗅觉是鼻腔黏膜与某些物质的气体分子相接触时所产生的感觉。人们通过鼻子能够闻到的气味，或者通过想象可以闻到的气味。就像一位美食演讲者描述一种美味时，听众忍不住流口水。其实，这种变相的气味传递，也可以在演讲中实现。

五、味觉

味觉就是舌头与液体或溶解于液体的物质接触时所产生的感觉。我们能够用嘴巴品尝东西，无论是咸味还是甜味，苦味还是辣味。人们提到黄连，就会联想到苦。还有人提到艰苦年代，也会想到苦。

如果我们的演讲者可以把故事讲出身临其境之感，也就能够取得成功。当“五觉”汇合为一体，就会触动到听众的“知觉”。

巧借幽默的段子

幽默是一种生活态度，失去了幽默，人们也就失去了生活的乐趣。许多演讲者之所以能够收获众多粉丝，就是因为这些演讲者本身很幽默。还有一些演讲者，常常收集一些幽默段子，也许在某一天，他们就会将幽默段子添加到自己的演讲中，提升演讲的趣味性。

要实现幽默就要考虑对幽默段子的选择和使用。当然，还有一些高手可以临场发挥，现场编段子。

俞敏洪是企业家，也是演说家，他的演讲就很风趣幽默。

俞敏洪多次回到北大校园进行演讲，常常因幽默引爆全场。他曾经在一场演讲中讲过一个关于自己的幽默段子，段子是这样的：学生生活是非常美好的，有很多美好的回忆。我还记得我们班有一个同学，每天都在女生宿舍楼下面拉小提琴，希望能够引起女生的注意，结果被女生扔了水瓶子。我还记得我自己为了吸引一名女生的注意，每到暑假或者寒假都帮着女生扛包。后来我发现那个女生有男朋友，我就问她，为什么还要让我扛包？她说，为了让男朋友休息一下。听完这个段子，台下听众爆笑。一个小小的幽默段子，就提升了听众的聆听专注度，并且将目光留在讲台中央。需要提醒一下，演讲者可以幽默，但是绝不能低俗。如果演讲者将低俗的段子带到舞台上，结果往往会适得其反。

脱口秀明星奥普拉也是一位超级演说家，而且其幽默、诙谐的演说风格常常被人提及。有一次奥普拉在哈佛演讲，她的一段话令观众捧腹大笑，她说：“说实话，在过去的几个星期我感到很大的压力，因为我想要跟你们分享一些你们从没听到的东西。毕竟你们都上了哈佛，而我没有。但后来我意识到其实并不一定上哈佛才能有一个驱动型的A型人格，当然上了哈佛还是有帮助的。”众所周知，奥普拉的脱口秀电视节目火遍美国，这不仅与她的性格有关，也与她的演讲风格有关。她的演讲诙谐幽默充满了激情，也会引用一些有趣的段子，绝不是粗俗的段子。

演讲者可以选择幽默段子，还可以选择一句非常幽默的话，并非一定要把一个完整的段子讲完，如果段子太长，也会影响演讲的效果。

幽默是演讲的引子，不需要太多，但一定要有。幽默还是演讲成功的催化剂，会起到非常好的轰动效应。回过头，我们再来看看那些著名的演说家，他们的演讲都是诙谐幽默的，并且充满了智慧。演讲者想要做好演讲，就需要做一个幽默的人。

巧借感人的故事

什么样的故事是感人的呢？本章第一节中，代国宏的演讲就讲述了一个关于自己、关于地震、关于幸存者的感人故事。许多人听了代国宏的演讲之后，潸然泪下。换言之，能够让听众潸然泪下的故事，就是感人的故事。

第三季“超级演说家”参赛选手断臂少年宋中祥的《父爱如山》就讲了一个感人至深的故事：

大家看到我这个样子，肯定很好奇，也肯定很想问，你的手怎么了？你是怎么生活的？其实，我是一名专业自行车运动员，在 2013 年获得过全国残疾人自行车锦标赛场地赛的冠军。2014 年，我获得了第九届全国残疾人运动会个人赛的冠军。然而在这背后，却蕴藏着另外一个男人不为人知的付出，这个人就是我的父亲。记得在我 8 岁那年，因为顽皮，双手不小心碰触到了村口的高压电线，碰到电线的那一瞬间，我失去了知觉。当我醒来的时候，我发现我的父亲陪在我的身边。在医生准备为我换药的时候，父亲却反常地用身体挡住了我的眼。我说爸爸，不要挡着我，我想看看我的手，我怎么感觉有点不对啊？当然，父亲是挡不住的，在医生扯开最后一点纱布的时候，我突然看见，我失去了双手。我就问父亲，我的双手呢？为什么我没有手了？父亲告诉我说，医生叔叔把你的手藏在你的皮肤里面了，因为这样你的手就会长得更好。我似乎知道父亲在欺骗我，但是我还是选择相信他。后来，要念书了，记得我刚入校的第一天，很多同学围了过来，说：“这孩子怎么没有手啊？”“这个人是怪物吗？”我当时害怕地躲进了父亲的怀抱。就这样，在父亲的帮助下，我开始用嘴、用脚练习写字。只要有父亲在，我的面前就好像有一座大山。我无时无刻地可以依赖他。可是这样的日子并没有持续多长，突然有一天，父亲告诉我，他要去外地打工了。就这样，我目送着父亲离开。直到我 14 岁的那一年，父亲说要把我接到广东去读书、去生活，我高兴地跳了起来，我开始憧憬着和父亲在一起的每一天。可现实是，等我到了广东之后，父亲却对我说：“我们已经在学校的旁边为你租了一间民房，你要一个人在这里生活了。”我惊呆了，为什么？他们为什么要让我一个人在这边生活？直到有一天，我突然听见了父亲和母亲的对话。母亲问父亲：“难道你放心他一个人在外面生活、学习吗？难道你就这么不担心吗？”父亲摇摇头说：“我也担心，我也舍不得，可是这是我们唯一能为他做的。假如有一天我们不在了，他也好依靠自己的力量在这个社会上生存，在这个社会上去立足。”从这一天开始，我像变了一个人似的，我开始听从父亲的安排，我练习体育。每天不管风吹雨淋，我都会坚持跑上那么 5 公里，直到后来，我成了一名专业的自行车运动员。

这是一个断臂少年的励志故事，但是断臂少年取得的成绩离不开他的父亲。他的父亲并没有给他装上“双臂”，却给他装上了一颗坚强的心。在这个故事里，听众能够感受到儿子与父亲的那种关系，父亲疼爱儿子，在儿子住院的时候，父亲采用了一种“善意的欺骗”去保护自己的儿子；为了让儿子过上好生活，父亲毅然离开了家乡，选择了外出打工；为了锻炼儿子独立生活的能力，不惜让孩子单独在外面生活。故事讲到这里，许多听众已经落泪，这是一个伟大的父亲，伟大的父亲成就了一个身残志坚的儿子。这是一个非常典型的感人故事。那么，感人故事到底需要具备哪些特点呢？

一、贵在真实

有人说：“虚拟的故事也可以编得很打动人，就像美国的科幻电影。”但是，演讲不是放电影，演讲也可以杜撰故事，但是杜撰的故事总比不过真实的故事。“断臂少年”的故事就是发生在自己身上的事，他客观陈述自己的成长经历，以及父亲在他的成长过程中扮演了怎样的角色。因为是真实的，听众感受到演讲者的那种真诚，所以才会被他的演讲打动。

二、人物有血有肉

在“断臂少年”的故事中，父亲是一个有血有肉的形象。开头部分，他用身子挡住儿子的眼睛；后来，他给刚刚上学但心灵受到创伤的儿子一个结结实实的怀抱；再之后，这个父亲外出打工，只为让儿子有更好的生活。更为关键的是，父亲为了锻炼儿子，他忍痛割爱，让他儿子独立自主地生活。因此，演讲者在塑造人物形象的时候，要想办法让人物有血有肉。

三、设置背景

很显然,“断臂少年”的故事是一个有背景的故事，作者交代了时间、地点，并且以时间为线索，将自己的成长故事与父亲串联起来，继而形成一个有背景、有线索的真实故事。

如果我们的演讲者能够坚持故事的真实性，设置好故事背景，并且将故事中的人物塑造得有形象、有人情味，就能讲出感人至深的故事。

巧借声音的变化

为什么我们把声音放在最后呢？前面四节都在讲语言习惯，语言习惯是基础性的工作，当基础性的工作做好之后，剩下的就交给一个人的基本功和发声水准了。有些演讲者条件不是很好，嗓音一般，普通话也一般，但是同样可以给听众带来震撼的演讲。或许有人认为："这样已经足够了！"但在我看来，普通话好的比普通话差的有优势，抑扬顿挫的演讲总会比平淡无奇的演讲有趣。那些慷慨激昂的演讲，总会给听众带来不一样的聆听效果。听众感受到演讲者的气息、力量、旋律和节奏，就能感受到演讲者是否在用心演讲。

有人问："一个人的声音能训练出来吗？难道不是先天的吗？"我认为，一个人的声音是可以训练出来，而且可以用一定的方式方法"雕刻"自己的声音。为什么要"雕刻"自己的声音呢？我想有以下几个原因：

一、解决声音干涩的问题

有些演讲者讲话时给人一种干涩乏味的感觉，与其说是嗓子干，倒不如说是音色干。解决这个问题的方式有很多，单纯进行声音训练是不够的，还要加强身体锻炼，让自己的身体处于健康的状态。对于嗓子干，曾经有医生建议："平时多喝水，适当吃一点苹果或梨，尤其是梨，有润喉清肺的功效。”当然，解决嗓子干的方法不止一种，只要这种方法适合你就可以。如果是你的演讲风格过于干涩，则说明你的演讲太过枯燥了。针对这种情况，演讲者可以在演讲时经常性地穿插一些小的游戏。无论如何，声音的枯燥与内容的枯燥，都需要优化调整，继而解决这个问题。

二、解决语速的问题

有些人说话很慢，就像一根绳子拖着一头不想走的骆驼，很慢很慢，甚至连听众都为台上的演讲者着急：“你能不能快点讲？”还有一些演讲者则完全相反。语速慢的人，他们通常不自信，或者走向了虚无的另一面，无法让自己的语速快起来。而那些语速越来越快的人，可能一直被演讲的凝重气氛所干扰，就像一名演讲者所说：“如果演讲者是因为在众人面前过分紧张而造成的语速快，那我们首先需要调整一下自己的情绪，深呼吸，放轻松，相信自己，还可以给自己设定一个最坏的结果，最坏又能怎么样嘛，如果连最坏的结果都能接受了也就不会特别紧张了。”

三、解决声音小的问题

还有一些演讲者，他们的声音非常小。演讲是勇敢者的游戏，只要演讲者有胆量和底气，声音就会洪亮。因此，演讲者需要鼓起勇气，让自己的声音洪亮一些。洪亮的声音可以提升演讲者的自信，从而改善声色的质量，给听众带来更好地聆听效果。

四、解决感染力的问题

许多人发现，自己的演讲给听众一种很平淡的感觉，甚至无法提升听众的聆听兴趣，这种情况下就需要解决感染力的问题。在我看来，演讲没有感染力的最主要因素是，演讲者没有足够投入。如果全心、全情投入，演讲者就能在演讲中聚精会神、全力以赴，甚至还能抑扬顿挫地演讲。还有一些演讲者担心自己的声音不好听，所以说话声音很小。其实，许多演讲者都不是专业播音员出身，但是他们依旧奉献出了感染人的演讲作品。对于演讲者而言，全心投入、聚精会神就可以做到这一点。

总之，巧借声音的变化就能解决诸多问题，甚至能提升演讲者的整体水平，进而形成自己的演讲习惯和演讲个性。演讲也需要一种功夫，而这种功夫绝不是速成的。因此，希望演讲者能不断练习，提升自己的演讲水准。

第十一章 演讲台风的呈现

步态优雅

演讲的过程也是演讲者形象的自我展示过程。如果一名演讲者在完全健康的情况下能够展示自己的步态，对于提升演讲者的个人形象是十分有益的。就像主持人，落落大方，优雅有度。这样的演讲才是完美的演讲。因此，演讲者要时刻注意自己的姿态和仪表，尤其是步态。

一名演讲者应该拥有怎样的步态呢？步态是一种礼仪，《视听》杂志发表过一篇文章《浅谈电视节目主持人的走姿体态》。文章中这样写道："主持人的走姿体态多是在节目主持的开场中体现的，比如，东方卫视的电视节目《东方大头条》就是在节目的一开始，摄像机给出一个全景镜头并跟随着主持人的走姿上场而缓慢移动，直至主持人站于主播台前方后再切换至中近景。有时主持人的走姿体态也会在节目主持的过程中体现，当主持人需要与身旁或身后的大屏幕进行交流时，就需要做出转身的动作或进行小范围的空间移动。比如，在央视新闻频道《新闻直播间》的一期特别节目《微聊亚马逊》中，主持人在 3D 虚拟演播室中时而缓缓移动，时而驻足站立，给观众带来了一种身临其境的真实感。"这段话不仅适用于主持人，同样适用于演讲者。很多演讲舞台，可能需要一名类似主持人的演讲者，他 / 她需要在舞台上展示更多的非语言方面的技巧。

怎样的步态才是演讲者需要学会的步态呢？抑或如何才能在听众面前展现自己的步态形象，并且留给听众一种美的感受呢？

一、脚步轻盈

演讲者保持轻盈的步伐，才能给听众一种轻松写意的形象。演讲者需要以这种自信而轻盈的步伐缓缓步入舞台，而不是缓慢而沉重的步伐。在演讲界，走姿被誉为“行走的诗”。如何才能让自己的步伐和形象看上去更有诗意呢？轻盈！如何才能轻盈呢？用一名资深讲师的话说：“放下一切，心无旁骛。”演讲者要放下自己沉重的内心，轻装上阵。如果演讲者怀着沉重的心情，舞台步伐就会变得沉重，或者凌乱无比。有些演讲者登台时选择“小碎步”，给人一种鬼鬼祟祟的感觉；还有一些演讲者登台时脚步沉重，给人一种悲伤之感。总之，演讲者想要表现出形象的诗意，需要保持轻盈的步态，给听众一种轻盈痛快、从容不迫的印象。

二、边说边走

有些演讲，可能需要演讲者边说边走。《浅谈电视节目主持人的走姿体态》一文的作者李鹏这样说道：“在节目主持的过程中，主持人的走姿体态经常伴随着有声语言的表达，一般是在‘边走边说’的过程中体现的。这里的‘走’不是主持人在演播室漫无目的地踱步，而是一种有目的的行为。主持人通过小范围的移步或转身的动作不仅可以与身后的大屏幕建立起一种交流感，而且能与大屏幕上的场景融为一体，产生一种置身其中、身临其境的视觉效果，从而大大增强了主持人有声语言表达的可信度和真实感。”

这段话对于演讲者同样是奏效的、有用的。演讲者需要不断调整自己的步伐，让自己的步伐与自己的演讲相得益彰，协调一致。现实中，我们经常看到一些演讲者慢慢走近听众，与听众建立起一种沟通关系。听众近距离聆听演讲者的演讲，演讲者也在边说边走中实现了与听众沟通的目的。

三、符合自己的情绪节奏

有人问：“难道演讲者演讲沉重话题的内容，也需要轻盈的步态吗？”当然不是！演讲者完全可以根据演讲的内容去调整步态，让自己的步态“行之有物”。沉重的话题需要缓慢而沉重的步态，幽默的话题需要轻松而写意的步态。一篇名为《播音主持基本功训练体姿语言》的文章中写道：“在移动时还要注意：脚步的移动必须符合内容的需要；脚步移动的方位、幅度、节奏、快慢等要保持一定规律，这样，既能活跃气氛，又能稳定听众的情绪；应根据主持的需要确定稳定的适当范围……主持人各种体姿语言的选择和运用，既要有所节制，还要有所变化，以准确而适度地反映自己的思想感情。同时，各种体姿语言还要相互配合，整体协调、连贯，从而表现出优美自然的风度美、气质美和韵致美，在观众面前塑造美好的主持形象。”

如果我们的演讲者能够做好以上三点，就能在舞台中央、在听众面前展示自己的步态形象，给听众留下良好的印象。

眼神自信

自信对于一名演讲者来说无比重要，不自信的演讲者是无法表达自己的真实情感的。诗人李白说："天生我材必有用！"这句话就是一个非常自信的人的自我认识。作家巴尔扎克也认为："发明家全靠一股了不起的信心支持，才有勇气在不可知的天地中前行。"自信体现在哪些方面呢？

一、自信的人有良好的心态

"在真实的生命里，每桩伟业都由信心开始，并由信心跨出第一步。"如果一名演讲者能够摆正心态，也就容易被自信找上门。自信，其实就是一种心态，这种心态是积极的、坚强的，不害怕任何事物。如果你是一个很悲观的人，恐怕也是一个不自信的人。正因如此，你会把一切看得很糟糕，也包括自己的演讲。自信的人，不担心讲台上会发生什么，也不担心听众会做出怎样反常的举动。在这些人看来，所有的问题他都能应对自如，任何困难都无法打倒他们，而这些心态良好的演讲者，从他们的目光中就会流露出自信。

二、自信的人更加真诚

有人问："自信与真诚有何关系？"事实上，自信的人往往因良好的心态而变得更加富有亲和力，他们愿意在讲台上与听众打交道，愿意在听众面前展示自己的故事，分享自己的生活经验，愿意把听众当成自己人，相信听众能够完美地配合他的演讲。而这些做法，恰恰体现了两个字：真诚。真诚是每个人都需要的宝贵东西。前面我们也多次提到真诚，可见真诚对一名演讲者而言是多么重要。俄国作家柯罗连科认为：“当一个人不仅对别人，甚至对自己都不会有一丝欺骗的时候，他的这种特性就是真挚。”与此同时，真诚的目光也是一种自信的目光，它意味着演讲者将听众当成自己的朋友，用目光温暖场下所有的听众。

三、自信的人步态轻盈

前面我们讲到了步态轻盈，那些步态轻盈的主持人，从眼神里流露出一种自信与轻松。就像一位主持人所言：“想要让观众看到你的魅力，就要放松自己，让自己变成舞台中央的皇帝或者皇后。”步态可能仅仅只是其中一方面，仪态仪表、肢体动作都能传递这种自信。自信不是别的什么东西，它拥有一点勇气的成分，以便演讲者能牢牢掌控住舞台。就像作家萧伯纳认为：“有信心的人，可以化渺小为伟大，化平庸为神奇。”

四、自信的人更加幽默、风趣

演讲需要幽默，幽默成就演讲。自信的人是幽默的代言人。前面我们讲到俞敏洪的演讲，俞敏洪是一个风趣幽默且自信的人，正因这份自信，他创办新东方，继而成就了自己的人生。一位著名相声演员也是如此，他不仅相声说得好，演讲也是如此。他的演讲中不乏幽默段子，那种自信幽默的眼神，让听众看到之后就想笑。幽默是一种自信，幽默可以传染。

日本前首相大平正芳说过一句话："幽默，可以说是能给人以微妙感的调剂生活的佐料。由于某种轻巧的幽默，就可以使当时的气氛为之改观，使陷于僵局的悬案豁然开朗。"演讲者就是那个解决悬念的人，悬念解决了，观众就会大呼过瘾。而这种幽默自信的眼神，也会从演讲者的眼睛里传递出来，当听众看到演讲者这种风趣幽默的眼神时，也会对演讲者的演讲更加期待。

五、自信的人更加坚毅、勇敢

前面章节中，我们讲到两个演讲的例子，一个是汶川大地震的幸存者代国宏，另一个是失去双臂的职业自行车运动员宋中祥，这两名优秀的演讲者都十分坚毅和勇敢。他们因为坚毅、勇敢，才能拖着残疾的身躯来到演讲台的中央，将自己的故事分享给所有听众。如果看过他们演讲，我想大家就会有所感触。他们的眼神里流露出一种坚强、勇敢和自信。尤其是代国宏，当我看到他的眼神时，就知道他是一个无比坚强、自信的人。对于听众而言，如果是亲临现场，对演讲者的第一印象并不是开场白，而是演讲者的眼神。眼睛是心灵的窗户，打开这扇窗户，让听众看到演讲者自信的眼神。只有这样，演讲者才能将自信和热情传递给听众，继而在舞台上呈现自己最高水准的演讲。

手势得体

手势也是一种表达方式，手势的表达有时甚至比口头语言更加重要。在演讲中，演讲者通常需要使用手势，手势作为演讲中的重要组成部分，是以配合演讲者演讲的方式出现的。因此，演讲者需要掌握一定的演讲手势，并将其使用合理、使用得体。

第一种手势，打招呼。演讲者登台之后，就要向听众打招呼。打招呼有三个目的：（1）表示自己上台，更表明自己的演讲者身份；（2）尊重舞台，尊重自己，更尊重听众；（3）拉近自己与听众之间的距离，打招呼也是一种沟通。打招呼的手势有很多，但是动作切忌夸张。夸张的打招呼动作给人一种不舒服的感觉。还有人打招呼时给人一种高高在上的感觉。打招呼的动作，应是亲切的、热情的、自然的。打招呼的手势一定要有，既不能没有，也不能太多，点到为止最好。

第二种手势，摊开，接纳。演讲者的演讲，是一种分享式的演讲，抑或是一种摊开、接纳式的演讲。这样的演讲，就决定演讲者需要接纳听众，甚至是拥抱听众。现实中，我们常常看到演说家们用摊开、拥抱的手势去接纳听众，同时也会听到台下的鼓掌。一个简单的手势，可能会改变整个演讲现场的氛围，给自己的演讲带来更好的效果。

第三种手势，强调。很多时候，演讲者到了演讲的某个关键点，需要特别强调自己的观点时，就要强调语气，这该怎么办？这个时候，演讲者就应该使用强调手势。这种手势是怎样的？有两种方式：一种是大拇指与食指并拢，形成一种强调的手势；还有一种是食指伸出，其余四指弯曲，胳膊向上伸直而食指在空中点击或画笔。这两种手势代表着同一个意思：强调。这个手势也是演讲者在演讲中最常使用的手势。

第四种手势，邀请。邀请的手势就是伸出一只手，邀请台下的听众参与演讲中的活动。有些演讲者特别喜欢穿插一些活动，可能是提问活动，也可能是其他互动活动。总之，使用邀请的手势，给听众一种尊重感，从而使听众更加积极、热情地投入演讲者的演讲活动中。如果没有这样的手势，也就无法体现出尊重听众。听众是演讲者的上帝，尊重听众就等同于尊重自己。

第五种手势，保持安静。现实中，演讲者在演讲中会遇到各种各样的问题，比如听众在台下交头接耳。如果台下听众并没有认真聆听，或者开始讨论演讲者的某个问题，听众的这些做法很有可能会打扰演讲者的演讲。此时，演讲者就必须伸出保持安静的手势，将食指伸到嘴上，让听众保持安静。只有现场恢复到安静状态，演讲者才能演讲。这种保持安静的手势也是一种现场“灭火器”。另外，这种保持安静的手势还会增强演讲者的自信，让演讲更具备权威性。

第六种手势，自信。当一个人表达自信的时候，常常会握紧拳头，振臂高呼。握紧拳头就是一种自信的手势。我们前面讲道，演讲者需要自信，没有自信的演讲者无法带来成功的演讲作品。保持良好心态，让自己处于一种健康和积极的状态，常怀感恩，满怀自信，在需要自信的时候，就要在听众面前展示这种自信的手势。只有这样，自信才能通过语言、眼神之外的方式体现，给听众一种自信印象。

第七种手势，感谢。演讲者不仅要尊重舞台，更要感恩舞台，感谢舞台。有一年，某演讲者在比赛中双手合十，向舞台下的听众躬身致谢。这一幕，感动了许多听众。感谢是一种态度，更表明了自己是热爱舞台的。没有感恩，哪里还有热爱？一个感恩舞台的人，才能真正地拥有舞台。除了尊重舞台、感恩舞台之外，许多演讲者还会在演讲落下帷幕的时候，向听众致谢。有的人采取双手合十的方式致谢，还有一些演讲者直接向听众鞠躬致谢。感谢听众的参与，也是一个演讲者应具备的素质。

除了上述七种常见的演讲手势外，还有许多手势。演讲者在上台之前，应该勤加练习，让自己的手势出现在恰当的时候，而不是随便使用。得体、自然、合理地使用手势，才能让演讲者的演讲更加有特色、有水准。

第十二章　演讲者必经的八大训练

声音训练

演讲就是说话和表达，是语言的艺术。就像相声演员，他们苦练技术，雕刻声音，就是为了在舞台上一展风采。演讲者也是如此！想要在演讲舞台上获得成功，就需要不断提升自己的水准，训练自己的声音，让自己的声音符合演讲水平，并且让自己的声音打动听众。声音训练是一项艰苦而漫长的工作，演讲者需要长期坚持训练，才能让自己的声音更加完美。

我国一位著名节目主持人的声音是极具辨识度的。网络上有一篇文章中这样写道，他的声音，和央视自身定位所要求的美学风格具有高度一致性。人们称他的声音是有“磁性”的，磁性并不是一个特别能够把握的词，他的声音却更有标识性。中性、内敛、权威，这样的风格，也一度成为中国男性审美的代表。

这位主持人是如何练习声音的呢？从专业角度看，他在自己的文章中写道：“播音员节目主持人是以有声语言为表达手段的广播、电视新闻工作者，有声语言是播音员节目主持人，依据稿件、提纲或者是腹稿，传情达意进行再创作并且确立自身形象的唯一手段，或者是主要手段。所以播音员节目主持人应该客观地认识评价自己的声音，注意锻炼自己的声音，并且还要学会驾驭自己的声音，使之成为得心应手的创作手段。发声是播音员节目主持人的一项基本功，会直接影响节目的质量，而错误的用声方法甚至会影响播音寿命，因此我们应该以科学的理论为指导，勤于磨炼，扎实地掌握用声技巧。”虽然这段话是写给播音员节目主持人看的，但是对于演讲者同样是有效的。演讲者如何才能科学地“雕刻”自己的声音呢？大概需要做到以下几点：

一、苦练普通话

演讲者的普通话水平决定了这名演讲者的演讲寿命和演讲受众。一位著名节目主持人曾经用这些词形容：“准确规范、清晰流畅；圆润集中，朴实明朗；刚柔并济，虚实结合；色彩丰富，变化自如。”如果做到这些，演讲者的普通话水平也就达到一定的火候和功力了。

二、坚持腹式呼吸

这个在前面的章节中已经讲过，在此不再详细展开。需要强调的一点是，借助腹式呼吸中产生的“气”来“雕刻”自己的声音，可以让自己的声音更加圆润、洪亮、具有磁性。

什么是腹式呼吸呢？腹式呼吸又名腹式呼吸法，百度百科给出这样的解释：“腹式呼吸是让横膈膜上下移动。由于吸气时横膈膜会下降，把脏器挤到下方，因此肚子会膨胀，而非胸部膨胀。因此，吐气时横膈膜将会比平常上升，因而可以进行深度呼吸，吐出较多易停滞在肺底部的二氧化碳。”腹式呼吸有很多好处，大体总结有以下几个：

第一，腹式呼吸可以改善人的心肺功能，增加横膈膜的活动范围。

第二，腹式呼吸在改善人的心肺功能的同时，还可以提升人的肺活量，许多歌唱家的肺活量（尤其是美声歌唱家）是非常大的，他们常常采取腹式呼吸的方法进行身体锻炼。

第三，腹式呼吸可以预防脏器疾病的发生，如胆结石等。

第四，腹式呼吸可以“雕刻”人的声音，让人的声音富有磁性。

三、放松喉部肌肉

声音从喉部发出，是声带、喉管、喉部肌肉“合作”的结果。通常来讲，我们无法改变声带和喉管，但可以让自己的喉部肌肉始终处于良好的状态。如果喉部肌肉过于紧张，声音就会嘶哑、干枯。当人处于极度紧张的状态时，甚至还会失声。对于演讲者而言，掌握一套放松喉部肌肉的要领是十分有必要的。就像资深演讲人陈权在《让声音悦耳动听的最好训练方法——喉部控制练习》一文中所写：“演讲过程中，喉部控制要跟呼吸控制、口腔控制紧密配合，才能发出高质量的声音。为什么这么说呢？因为声带松紧、厚薄的变化，声门开合情况的变化，才使声音产生了高低、强弱、明暗、虚实的变化，而声带的变化、声门开合的变化却离不开气息的支持。另外，不同音色的喉原音在口腔咬字器官的控制下，才形成清晰标准的语音。”

如果我们的演讲者能够苦练普通话、学会腹式呼吸，并且掌握放松喉部肌肉的要领，就能提升自己声音的质量。

肢体训练

肢体语言是口头语言所无法取代的。许多舞者就是通过肢体语言传达自己的情感，观众看到了那些舞蹈动作，也就明白了舞者要表达什么。演讲者为了更好地诠释演讲内容，通常也会加强对肢体动作的训练。其实，不仅演讲者需要训练肢体动作，语言工作者都需要进行肢体动作的训练。

有一篇名为《访谈类节目中主持人身体语言的运用》的文章，作者介绍了两个关于主持人的肢体语言的案例，其中一个案例是介绍一位主持人的，文章中是这样写的：主持人的长相、衣着、表情和体态等身体语言能够在很大程度上真实地传达情感、渲染氛围、增强节目的感染力。身体语言主要的功能是传播主持人的态度和情绪、对于语言传播起到辅助的作用。身体语言能够从不同侧面显示主持人的个性特征，同时可以传达言语无法表达的信息。有时候，主持人的倾听姿态、眼神和面部表情，在很大程度上能够引领被访者的谈话走向，影响整个节目的风格。在节目的过程中，她会根据不同嘉宾的不同反应、谈话内容以及访谈进程从而做出不同定位。有时像一个求教者，站在老百姓的角度去思考问题；有时又像一个挑战者，你有你的观点，我也有我的观点，以此来挑战激发对方的谈兴；有时还像一个交流探讨者，和对方自如地交换意见。而这些不同的角色定位都能够从她的身体语言中看出来。

从这段文字中可以看出，这个主持人完全是根据现场的交流状况和谈话内容进行肢体动作调整的。演讲者在演讲过程中，同样也会与听众发生沟通与碰撞，因此也要根据实际情况做出肢体上的调整。

善用微笑是另一位主持人的招牌肢体动作。《访谈类节目中主持人身体语言的运用》一文中写道：微笑对于一个主持人来说，太重要了。

微笑同样是一种肢体语言，那些舞台上始终保持自然微笑状态的演讲者，总能给听众传递美好的情绪。如何正确训练自己的肢体语言呢？通常来讲，演讲者完全可以借助镜子来调整自己的肢体动作，并借助镜子提供几种演讲场景下的模式进行训练和调整。

一、模拟轻松幽默的场景

把镜子中的自己当成一名幽默大师，幽默大师自然有许多风趣幽默的动作。对着镜子做出这些动作，然后进行调整。当你的动作还处于紧张和拘束状态时，动作与身体会产生一种分离感，自己也会觉得别扭。真正轻松幽默的动作是放松的、自然的，就像卓别林的滑稽表演，每一个动作都源于他的内心。因此，演讲者既要放松，又要自然流露，让自己的肢体跟随内心的滑稽和幽默，展示出极具风趣的肢体语言。

二、模拟气愤的场景

还有一些演讲是严肃的，演讲者要表现出一种愤怒的情绪。此时，演讲者就需要对着镜子展示自己愤怒的表情和愤怒的肢体动作。但是，这样的表情和动作又要控制在合理的范围之内。演讲不是发泄，更不能摔凳子！因此，演讲者要控制自己愤怒的情绪，让自己的动作、面部表情与演讲内容相得益彰，既要真实，又不能完全掩饰自己的内心，更要合理地控制怒气，要让听众感受到一种愤怒的内在力量。

三、模拟微笑的场景

大多数的演讲者在演讲中，都会面带微笑。微笑演讲，是最常见的演讲场景，就像有一位主持人，她在主持时常会保持一种微笑的状态。微笑，是一种生活态度，更是一种演讲态度。如果一名演讲者能够训练自己的微笑，让自己的微笑大方、自然，就能给听众传递美好的情绪。如何才能在镜子中训练自己的微笑呢？那就把镜子中的自己当成一名听众，然后微笑。当你觉得自己的微笑足够自然、放松时，也就可以收工了！

肢体动作还有许多种，演讲者可以对着镜子训练，或者找一名朋友充当观众帮助你一起训练。

表情训练

相对于肢体动作，表情则体现在一个人的面部变化上。如果一个演讲者能够加强自己的面部表情训练，就会给其他人带来有亲和力的演讲。

其实，一个人的喜怒哀乐都会表现在自己的脸上。如果听众在聆听你演讲的同时，能从你的脸上获取另一种情感信息，就会加深对你的认识程度和认可程度。我记得有一位演讲者，他是一位残疾人，但是他的演讲全程都在微笑，这种微笑加深了听众对演讲者的乐观印象，反而让听众潸然泪下。正因为演讲者的坚强，才打动了听众。表情是一种语言，这种语言是口头语言所无法传达的。就像眼神，坚毅的眼神能够给人带来一种肯定和坚持。著名讲师、企业实战派专家赵菊春也是一名资深演讲者，他这样说：突出下颚表示攻击性行为；缩紧下巴表示畏惧和驯服；抚弄下颚表示掩饰不安或胸有成竹；伤心时嘴角下撇，欢快时嘴角拉长，委屈时噘起嘴巴，惊讶时张口结舌，仇恨时咬牙切齿，忍耐时咬住下唇；下颚上抬，把鼻子挺起，是傲慢、自大、倔强的表现；用手摸鼻子，是怀疑对方；用手摸耳垂，表示自我陶醉。

演讲者应该如何训练自己的表情呢？练习这种语言表情也有一套

科学的方式方法，大体是通过表情纹的控制，实现对面部表情的控制。

通常来讲，一个人在做出任何表情的时候，面部都会产生一种“表情纹”。表情纹一共有四种，即上位笑纹、中位笑纹、下位笑纹和怒纹。表情纹会体现人的喜怒哀乐：开心的时候，有一种“气”令人的面部肌肉鼓起，甚至会留下两个小酒窝，这种气是喜气；发脾气的时候，人的眉毛上挑，就会产生一种发怒之气；还有一种“气”直接作用于眼睛，甚至让自己潸然泪下，这种气是一种悲伤的哀气；还有一种“气”是惧气，就是害怕的时候，双耳往后移动，甚至两颞头皮皱起。表情纹的控制，同样需要演讲者借助镜子去调整。

一、喜气的控制

喜气的控制就是一种自然微笑的状态，既不能太过，又不能没有。

对于演讲者而言，微笑的时候不能不张嘴，也不能哈哈大笑。对于女性演讲者而言，笑不露齿是一种标准；对于男性演讲者而言，可以适当放开一点。另外，微笑的时候还要保持表情纹的对称，这样的微笑才能舒展、传神。

二、怒气的控制

怒气的控制也是一种自然状态，既不能太过，又不能没有。

有些人发怒的时候火气太大，甚至导致面部表情失控，这样是不行的。怒火需要控制在合理范围之内。其一，演讲者绝不能咬牙切齿，摆脱咬牙切齿地演讲才是演讲；其二，注意不能眉梢下掉，有些人发怒的时候会形成一种“三角眼”，这样有损舞台形象，要坚持训练，不要让自己出现“三角眼”，确保眉梢不要往下掉；其三，左右脸的“怒纹”也要保持对称，这样的发怒是理性的、威严的，绝不是感情情绪所导致；其四，发怒还会导致某些演讲者产生抬头纹，要加强训练，预防抬头纹的出现。

三、哀气的控制

哀气的控制要求演讲者能够做到两个方面。

第一个方面，不该流眼泪的时候绝不能流眼泪。

第二个方面，需要流眼泪的时候，或者需要眼含泪花的时候，就要做到眼含泪花。这就要求我们的演讲者加强对哈欠气的训练和控制，因为哈欠气可以让人落泪，演讲者控制哈欠气就可以做到这一点。

四、惧气的控制

惧气的控制是人害怕时产生的表情。

有人问：“难道演讲者不能害怕吗？”当然可以害怕，但是此害怕非彼害怕。演讲者如果染上了表演恐惧症，就需要加强练习，摆脱害怕的影子，让自己更加适应舞台。如果演讲者需要借助惧气提升舞台演讲效果，则需要借助道具（镜子）进行训练，展示某种舞台恐惧效果，让自己的惧气更具有戏剧化、艺术化的效果，继而提升演讲者的演讲水准。

拿破仑有句名言：“能控制好自己情绪的人，比能拿下一座城池的将军更伟大。”演讲者控制自己的表情，其实也是在管理自己的情绪。如果演讲者的情绪在舞台上失控，就可能给自己带来不必要的麻烦。管理好自己的情绪，就能控制好自己的面部表情。演讲者是舞台表演者，而不是带着某种情绪在舞台上发泄。如果演讲者能认识到这一点，再加强对自己面部表情的控制和练习，就能让自己的演讲更加生动、传神。

手势训练

演讲者还要训练自己的手势语言，让自己的手势也能在演讲中发挥作用。有人说："手势甚至比口头语言更加重要、精准。"手势并不仅仅只是肢体对语言表达的配合，它本身就是一种语言。就像聋哑人所使用的手语，完全就是手势形成的语言。如果说，口头语言是人类的第一语言，肢体动作和手势就是人类的第二语言。

有一个关于美国前总统奥巴马的故事：美国前总统奥巴马在任的时候，拥有非常积极的公众形象。这是大多数政治人物无法匹敌的。其中的功劳，很大一部分是由身体语言带来的。公众很难相信一个自吹自擂的领袖，却会通过观察他的行为，作出自己的判断。比如说，奥巴马在演讲时会微微张开双臂，手掌朝下，给听众一种被给予的心理暗示；同时，他还喜欢在演讲时伸出食指，只不过他的食指并没有指向前方的听众，而是指向上方或者侧方，从而大大降低了攻击性，不会让听众反感或不安。

手势有时候给人一种激励，有时候则可以控制现场气氛，还有的手势完全是配合语言，以便让自己的演讲形象更加立体。有哪些彰显形象的手势呢？这些手势在训练时又要注意哪些问题呢？

一、许诺、邀请的手势

演讲者在演讲中，经常将手伸出去，手心朝上，且前臂保持水平。这样的手势，常常用于邀请、承诺、希望、欢迎。我们的外交部发言人在答记者问的时候经常做出这样的手势，这样的手势也非常深入人心。对于演讲者而言，除了认识并认可这个手势动作之外，还需要勤加练习，让自己的这个手势更加标准、得体，符合自己的气质。

二、号召、强调的手势

有一些企业内的演讲，如果演讲者是企业负责人，他们常常会向员工们发出号召，或者强调某一件事情的重要性。在这些时候，他们会做出一个手势，即手心向上，然后慢慢抬起手，将手抬至与肩膀齐平的位置，以此向广大听众发起号召，或者强调某件事情。事实上，演讲者在演讲中发起“召集令”，也会采取这样的动作，演讲者需要明确该动作的要领，并熟练运用到演讲中去。

三、行动、肯定的手势

还有一些演说家经常将手伸过头顶，并五指分开，以此表达肯定，并激励大家去做。这个手势是非常霸气的手势，也是演讲中常见的手势。演讲者须明确这个手势的内涵，在演讲的某个特定环节中勤加练习，以达到那种霸气而具有号召力的效果。

四、鼓励、致意的手势

许多人都看到过演讲者、主持人或者某个领导干部，在舞台上向台下的观众挥手。挥手具有一种“致意”的意思，挥手致意还能起到一定的激励作用，或者一种肯定的作用。如果演讲者有足够的号召力，在某个时刻，就会向台下听众挥手致意。除此之外，还有一些演讲者在开讲之前也会使用这个动作，以此表示欢迎。演讲者需要了解这个动作有何意义，如何使用这个动作。

五、表达自己的动作

还有一些演讲者，在讲到自己的时候，会把手拍到自己的胸口，这个表达自己的动作有多层意思，如表示衷心的祝贺，或者表达某种心愿。手势也像汉语里面的词语，可能一词多义。演讲者在手势训练的时候，一定要弄明白每一个手势的含义，以及每个手势到底有多少含义。

除了上述五种手势，还有许多手势。有一些演讲者在演讲落下帷幕的时候，会双手合十向台下的听众致谢。总之，熟悉手势，练习手势，让手势成为一种自己可以使用的身体语言，可以提升自己的演讲水平和现场呈现能力。

即兴训练

演讲不是纯背诵，它需要演讲者掌握一定的即兴发挥技能。即兴发挥，是一种临场发挥。现实中，有一些演讲高手完全不需要准备任何资料，这些高手，已经将演讲的技巧牢牢记在心里，无论他讲什么，都可以按照演讲的套路进行，先是开场白，然后进入正文，最后总结并结束致谢。我们先通过一个即兴演讲的案例进行讲解。《口才中国》网站上，有这样一个即兴演讲的案例：

演讲者讲道，有这样一个故事：有个人遇到了难事，找到一座寺庙去拜观音。在庙里他发现有一个人也在拜观音，那人长得和观音一模一样。于是便问："你是观音吗？"那人答道："是。""那你为何还拜自己？"观音笑道："因为我遇到了难事，可我知道，求人不如求己。"是啊，如果人人都拥有遇事求己的那份坚强和自信，也许人人都会成为自己的"观音"。在现实生活中，不是因为有些事情难以做到，我们才失去自信；而是因为我们失去了自信，有些事情才难以做到。自信是生命的力量，自信可以让生命更有分量。不自信的人甚至没有能力独处，因为当夜深人静的时候，他不知道自己一个人会发生什么事，只能坐在窗前冥想走过的点滴。

这个演讲属于一分钟即兴演讲，但是，这位演讲者非常聪明，他选择了一种故事性的开篇方式，让听众产生疑问：演讲者到底想要说点什么？

前面我们讲过，讲故事的效果要好于讲道理。对于听众而言，道理天天听，反而对故事更感兴趣。演讲者的故事简单富有哲理，故事讲完了，演讲者才开始进入主题。

即兴演讲是一种随意的演讲，只要演讲者产生了上台演讲的兴趣，就可以开始自己的表演。但是，即兴演讲也不是随随便便就能来的，而是要经过大量的台下训练，逐渐获取这种能力。即兴演讲需要演讲者如何训练和准备呢？

一、命题式训练

演讲者可以随意命题，然后根据命题进行即兴演讲。演讲的时候，需要寻找一个听众，让其帮助自己调整，并指出命题式即兴演讲中存在的问题。演讲者通过大量的命题演讲训练，形成一种演讲的习惯。这个习惯，就是我们前面所讲的演讲套路。这个套路可能是固定的，也可能有许多种样式上的选择。但是演讲套路绝非贬义，而是一种拥有自己个人特点的演讲套路。如果演讲者勤加练习，不断提升自己的知识储备量，提升自己的逻辑呈现能力，就能在即兴演讲的道路上越走越远。

二、审题与布局的训练

还有一些演讲比赛是抽签式演讲比赛。演讲者抽到什么样的题目，就按照这个题目去演讲。这种演讲或者只给演讲者一分钟的准备时间，演讲者的登台演讲完全是即兴的、随意的。因此，演讲者还要在台下锻炼一种审题和谋篇布局的能力，审题训练可以借助相关的审题考试题或者工具书自行训练，谋篇布局的能力则需要演讲者锻炼自己构架文章的能力。当审题问题与谋篇布局的问题解决了，演讲者就不必担心即兴演讲时会出现严重的错误。

三、语言表达训练

通常来讲，即兴演讲是一种时间很短的演讲，需要在一分钟或者三分钟内完成自己的演讲，这需要演讲者有非常强大的语言表达能力。演讲者要不断锤炼自己的语言表达能力，让自己的演讲内容更加紧凑，同时具备较强的感染力，能在短时间内抓住听众。

如果我们的演讲者能够勤加练习命题式训练，加强审题与布局的训练，不断提升自己的语言表达能力，就能实现即兴演讲的梦想，为听众奉献一场精彩的即兴演讲。

逻辑训练

人能表达逻辑之外的东西吗？我想，不能。但是为什么还有许多人的演讲总是给人一种毫无逻辑的印象呢？我们所讲的逻辑，是一种理性逻辑。这种逻辑是一种“工具”，逻辑思维有五个核心原则，即得出结论、厘清条理、以客观事实为依据、切中论点、顾及全部。

得出结论，就是找到所谓的因果关系，从原因到结果。如果我们的演讲是没有因果关联的，或者无法得出原本想要得出的结论，演讲者必须掌握自圆其说的核心，只要能自圆其说，哪怕观点有所偏颇，也不会被听众推翻，毕竟每个人都有自己的观点。演讲者的演讲，只有在符合逻辑的情况下才能得出自己想要的结论。就像研究生写论文，得出结论才能证明自己之前的假设是正确的。

厘清条理，更多的是在材料分析上厘清条理。假如演讲者参加的演讲比赛是一个命题演讲比赛，就需要研究命题，然后根据命题寻找相关材料。在整理和组织演讲材料的时候，就需要演讲者找到来龙去脉，厘清条理。如果我们无法分析材料，更无法厘清条理，也就无法做好演讲前的准备工作了。还有一点需要注意，演讲者参加即兴演讲比赛，需要在短时间内厘清条理，让自己的临场发挥不出现逻辑上的错误。

以客观事实为依据，这也是老生常谈的话题，前面我们用大量文字介绍这一内容，旨在让演讲者的演讲落地，养成一种真诚的演讲习惯。能够打动听众的不是科幻故事，而是那些经得起推敲的真实故事。许多演讲者在演讲中引用权威的数字、观点、数据，既能让听众信服，又能强化自己的演讲观点。以客观事实为依据，也是培养科学的、严谨的逻辑习惯的方式之一。

切中论点，这是一个非常重要的原则。有些演讲者虽然口头表达能力很出色，甚至很幽默，也很有感染力，却切不中论点，最后给听众的感觉是：这位演讲者白忙活了一场。是的，演讲一定要切中论点，没有切中论点的演讲，相当于没有中心的作文。切中论点也是逻辑的一部分，如果演讲者能够切中论点，其演讲是严谨的，是合乎主题的，也能让听众知道演讲者所要表达的到底是什么。

顾及全部，这是一种顾全大局的做法。或许有人认为，逻辑不包括顾全大局。事实上，逻辑思维所呈现的东西，是一个最科学、最具可能性的东西；但是逻辑思维又会照顾整体，因为逻辑是一张网，是一个整体，无法分割成许多片段，只有顾及全部，逻辑才能严谨，脉络才能清晰。顾及全部的意义就是为了让整体保持一致性，让自己的演讲更加科学、严谨。即便演讲是一场中心化的演出，但也要让中心化的思想覆盖演讲的全部。

逻辑训练的方法多种多样，没有固定的模式。用一个最简单的词总结逻辑：因果。有因有果就是逻辑，有因无果就不是逻辑。演讲者可以坚持推论练习，或者参加某些推论课培养自己的逻辑思维能力。还有一些演讲者特别喜欢看推理类的电影、电视剧、小说……当然，这种方式也可以，即一边看一边去推敲。还有一些人特别喜欢数学，做数学题可以培养人的逻辑思维能力和计算能力。

黑格尔说过一句话："凡是合乎理性的东西都是现实的，凡是现实的东西都是合乎理性的。"在他的经典著作《小逻辑》再版的时候，他还特别强调：这个原理中所谓的"现实"并不是指任何存在着的东西。"现实"不同于"飘忽即逝没有意义的现象"或"偶然的存在"，它是真实的东西，是必然的存在，是本质与现象、内与外的统一。所以，演讲者在演讲中，最好是描述这样一种真实的东西，而不是那种"飘忽即逝没有意义的想象"，也不是"偶尔的存在"。养成以事实为依据的做事习惯，注重因果，能够切中论点，顾全大局，日常中多做一些推演，就能逐渐养成并形成严谨的逻辑思维。

概括训练

演讲是一门艺术，也是一门技能，甚至是综合技能，它要求演讲者具有概括能力。如果演讲者不懂得如何去概括，尤其到了演讲的结尾部分，就会显得很吃力。

俞敏洪的概括能力是一流的。关于青春的演讲，他有这样一段话，我们的生活方式有两种：第一种是像草一样活着，你尽管活着，每年还在成长，但是你毕竟是一棵草，你吸收雨露阳光，但是长不大，人们可以踩过你，但是人们不会因为你的痛苦而产生痛苦，人们不会因为你被踩了而来怜悯你，因为人们本身就没有看到你！所以我们每一个人都应该像树一样地成长，即使我们现在什么都不是，但是只要你有树的种子，即使被人踩到泥土间，你依然能够吸收泥土的养分，自己成长起来，也许两年、三年你长不大，但是八年、十年、二十年你一定能长成参天大树，当你长成参天大树以后，遥远的地方的人们就能看到你，走近你，你能给人一片绿色，一片阴凉，你能帮助别人，即使人们离开你以后，回头一看，你依然是地平线上一道美丽的风景线，树活着是美丽的风景，死了依然是栋梁之材，活着死了都有用，这就是我们每一个人做人的标准和成长的标准。

这段话是非常好的关于生命的总结，人的两种生活方式：一种是像草一样活着，一种是像树一样活着。

什么是草呢？草是一种植物，比树多，生命力非常顽强，但是长不高，而且容易被踩。什么是树呢？树也是一种植物，与草本植物相比，树是一种木本植物，不仅结实，而且高大，甚至有更强大的生命力。最为关键的是，树因其高大而不会被忽略。俞敏洪的总结，既形象又直接。

俞敏洪的演讲，金句不断，他的演讲在总结中感染着舞台下的听众。关于青春的演讲，他还讲过这样一段话：我有一个比喻，每一条河流都有自己不同的生命曲线，长江和黄河的曲线是绝对不一样的，但是每一条河流都有自己的梦想，那就是奔向大海！所以不管黄河是多么曲折，绕过了多少障碍，长江拐的弯不如黄河多，但是它冲破了悬崖峭壁，用的方式不一样，但是到了最后也流向了大海。当我们遇到困难的时候，不管是冲过去还是绕过去，只要我们能过去就行，我希望大家能使自己的生命向梦想流过去，像长江黄河一样流到自己梦想的尽头，进入宽阔的海洋，使自己的生命变得开阔，使自己的事业也变得开阔，但是并不是说你想流就能流得过去的，其实这里面就具备一种精神，毫无疑问，这就是水的精神！

这段总结也非常精彩，甚至给听众一种热血沸腾的感觉。所以，演讲者需要提升自己的总结能力。提升总结能力的方法有很多，常见方法有以下几种：

第一种，总结都是从“是什么”“为什么”“怎么样”开始的，养成爱提问的好习惯，想尽办法用自己的方式方法去解答。解答的过程就是总结的过程，且习惯成自然。

第二种，没事儿的时候多思考，养成一种爱思考的习惯。记得有一位演讲家说："我喜欢看书，更加喜欢看完书之后给自己留下 10 分钟的时间用于思考。思考，不仅给我一种存在感，而且能让我从读书和生活中得到某些东西。"

第三种，多做提纲，用提纲的方式去写作，或者思考。

以上三种方法都是非常好的锻炼总结的方法。除此之外，演讲者还要多去演讲，从实践中总结方法。当你成为演讲高手，你就不用担心自己的舞台形象了。

故事训练

有人问："讲故事还要训练吗？"对于一些故事大王而言，自然不需要故事训练环节，因为他们张嘴就是一段故事；对于那些刚刚步入演讲行业的人而言，就需要训练自己讲故事的能力。故事绝非一段普通的语言文字，而是一段具有逻辑性、充满戏剧性的文字。想要把这样一段文字呈现好，就需要进一步训练自己的语言表达能力。如果所讲述的故事是跌宕起伏的，还需要演讲者用一种富有感染力的表达方式进行讲述。

有个叫刘春鹏的年轻人非常喜欢演讲，而且他也非常喜欢以故事情节取胜的演讲方式。刘春鹏喜欢讲一些跌宕起伏、具有悬疑特点的故事，所以他有一套自己的训练方式。

第一步，选择一个故事，然后将这个故事的概要提炼、整理出来。刘春鹏说："只有深入了解这个故事，才能把故事呈现好。因此，我必须像小学生'读课文'、做'课后解析题'那样了解这个故事，了解故事的纲要、脉络和线索，甚至还要了解故事中的人物，并赋予人物性格和骨肉。"

第二步，背诵故事。如果故事是其他人的事，演讲者就需要背诵了。刘春鹏说："记住故事是非常重要的一步，相当于小学生'背课文'。如果记不住故事，也就无法在演讲中讲述故事。"刘春鹏还简单提到提升记忆的方法："让故事形成一种画面，比如树在什么位置，房子在什么位置……这样的话，故事就会形象化，你也会加深记忆，快速记住它。还有一种记忆法叫联想法，就是把故事中的几个点串联起来，通过人物和故事情节，一点一点联想、拼凑、丰满。"

有人问："故事背诵是不是一定要一字不差？"其实不需要这样，只需要演讲者记住核心故事概要，只要故事的逻辑、思想、线索没有发生变化，就可以解决这个问题。记住故事后，就可以进入第三步。

第三步，讲述故事。刘春鹏讲故事，会找一两位听众。每一次讲故事，他都会让听众听。听众听完之后，给刘春鹏提意见。有一次，刘春鹏给两名听众讲故事，讲完之后，两位听众分别提出自己的看法。第一位听众说："刘春鹏，你讲得太平淡了，没有体现出故事的特点。"第二位听众说："我觉得你的表达有些问题，可能是气息出了问题。"后来，经过多次调整训练，刘春鹏的故事呈现明显有了提高。

第四步，丰富自己的肢体语言。许多人在讲故事的同时，也会增加一些肢体动作以配合自己的讲述。刘春鹏也有一套方法，他会对着镜子讲故事，看着镜子里的自己，并且不断调整自己的肢体动作，直到自己的动作和表情能完美契合为止。

如果演讲者像刘春鹏那样坚持按照上面四个步骤进行故事训练，也能讲好故事。当然，故事训练的方式方法不止一种，还有一些演讲者会将故事完全转化成自己的呈现方式，用自己的方式呈现故事会更加流畅、自然。故事是一种口头文学，需要用一种朴实的语言去呈现。如果演讲者用文言文呈现，恐怕听众是听不懂的。如果选择一种文学气息非常浓的语言去呈现，也会给自己带来压力。

故事的讲述，没有必要“高大上”，用最简单、质朴的语言讲述就好。另外，还要强调一点，讲故事要声情并茂，这就需要演讲者在训练讲故事的过程中，充分融入故事中。只有这样，演讲者才能把故事讲好，讲得生动、感人。